coleção primeiros passos 332

Dirce Guilhem
Debora Diniz

O QUE É
ÉTICA EM PESQUISA

2ª Edição

editora brasiliense
São Paulo - 2014

Copyright © by Dirce Guilhem e Debora Diniz
Nenhuma parte desta publicação pode ser gravada,
armazenada em sistemas eletrônicos, fotocopiada,
reproduzida por meios mecânicos ou outros quaisquer
sem autorização prévia da editora.

Primeira edição, 2008
2ª edição, 2014

Diretora Editorial: *Maria Teresa B. de Lima*
Editor: *Max Welcman*
Ilustração da Capa: *Ramon Navarro*
Revisão: *Ana Terra Mejia Munhoz*
Capa: *Renata Junqueira*

Dados Internacionais de Catalogação na Publicação (CIP)
(Câmara Brasileira do Livro, SP, Brasil)

Guilhem, Dirce
     O que é ética em pesquisa / Dirce Guilhem e
Debora Diniz -- São Paulo : Brasiliense, 2014. --
(Coleção Primeiros Passos ; 332)

ISBN 978-85-11-00145-7
1. Ética 2. Pesquisa - Aspectos morais e éticos
I. Diniz, Debora. II. Título.

08-06127   CDD-170

Índices para catálogo sistemático:
1. Pesquisa : Ética : Filosofia 170

editora brasiliense ltda
Rua Antonio de Barros, 1839 - Tatuapé
CEP 03401-001 — São Paulo — SP
www.editorabrasiliense.com.br

Sumário

Introdução 7

A história da ética em pesquisa 13
    Segunda Guerra Mundial – entre alemães e
    japoneses, os participantes das pesquisas 13
    O Julgamento de Nurembergue 17
    O Código de Nurembergue 19
    A Declaração de Helsinque. 21
    Henry Beecher e a virada ética 22
    Casos. 25
    O Relatório Belmont 29

Sistemas de Revisão Ética em Pesquisa 37
    Comitês de Ética em Pesquisa. 37
    Sistemas de Revisão Ética. 39
    Funcionamento dos Sistemas de Revisão
    Ética 41
    O Sistema Brasileiro. 46

Dirce Guilhem e Debora Diniz

A REVISÃO ÉTICA 57
AVANÇOS E DESAFIOS 61

III – ÉTICA EM PESQUISA: TEMAS GLOBAIS 69
PESQUISA CLÍNICA 69
ETAPAS DA PESQUISA CLÍNICA 72
ÉTICA NA PESQUISA CLÍNICA. 75
VULNERABILIDADE. 78
DUPLO STANDARD EM PESQUISAS. 80
ÉTICA E PESQUISAS SOCIAIS EM SAÚDE. 83

IV – CONCLUSÃO 93

GLOSSÁRIO 97

SOBRE AS AUTORAS 107

Introdução[1]

"Eu diria que o problema das pesquisas com células-tronco embrionárias é tão sério que não pode ficar na mão dos cientistas." Essas foram as palavras do ministro César Peluso para justificar seu voto com ressalvas à Lei de Biossegurança, em discussão no Supremo Tribunal Federal em 2008. O encerramento do julgamento, já considerado o mais importante da história da suprema corte brasileira, foi uma acalorada discussão sobre ética na pesquisa científica. A Lei de Biossegurança saiu vitoriosa, o que significa que os cientistas brasileiros po-

---

1. Algumas ideias aqui desenvolvidas foram inicialmente apresentadas por Diniz D. Pesquisas com embriões humanos serão monitoradas no Brasil por um sólido sistema de avaliação. *O Estado de S. Paulo* 8 jun. 2008; Caderno Aliás.

derão conduzir suas pesquisas com a tranquilidade do marco legal. Mas o novo desafio é sobre o significado da ética na pesquisa com embriões humanos.

Desde 1996, o Conselho Nacional de Saúde coordena um dos sistemas de revisão ética em pesquisa mais originais e sólidos do mundo. O Sistema CEP/Conep (Sistema Comitês de Ética em Pesquisa e Comissão Nacional de Ética em Pesquisa) foi instituído após uma extensa consulta às comunidades científicas. Esse sistema resulta da Resolução CNS 196/1996, intitulado Diretrizes e Normas Regulamentadoras de Pesquisas Envolvendo Seres Humanos. Esse documento orienta o funcionamento dos comitês de ética em pesquisas institucionais e da Comissão Nacional de Ética em Pesquisa. Atualmente, são 584 comitês registrados na Conep.

O tema da ética em pesquisa acompanha o surgimento da bioética. O Código de Nurembergue, conhecido como o primeiro documento de proteção ética aos participantes de pesquisas científicas, surgiu como uma resposta imediata ao julgamento dos crimes de guerra cometidos em nome da ciência nazista. O objetivo do documento era ser um guia com dez princípios éticos para as pesquisas com seres humanos. Desde então, a exigência de que as pessoas apenas possam ser incluídas em experimentos estando informadas e esclarecidas sobre os riscos e os benefícios é uma marca registrada das regulamentações internacionais. É exatamente por isso que a Lei de Biossegurança somente autoriza a

O que é Ética em Pesquisa 9

doação de embriões congelados para a pesquisa após o consentimento dos genitores.

Apesar de seu vanguardismo, o Código de Nurembergue não foi imediatamente incorporado à prática científica. Entendendo-o como uma resposta humanista às atrocidades da guerra, os pesquisadores não o assumiram como uma referência ética para a ciência livre. Foi somente em 1964 que a Associação Médica Mundial propôs a Declaração de Helsinque, um documento de referência internacional para regulamentar a ética na pesquisa em saúde. O objetivo da declaração era assentar as pesquisas médicas na cultura dos direitos humanos, não permitindo que a busca do conhecimento se sobrepusesse ao bem-estar dos participantes. A Lei de Biossegurança adota matriz ética semelhante ao proibir a comercialização de embriões e ao prever que somente pesquisas com finalidades terapêuticas poderão ser conduzidas com células-tronco embrionárias.

A proposição de documentos internacionais foi o primeiro passo para a consolidação de valores humanistas na prática científica. No entanto, esses primeiros documentos não se mostraram suficientes para mudar o *ethos* da ciência. Os anos 1970 foram marcados por graves infrações à ética na pesquisa científica, sendo o Estudo Tuskegee, nos Estados Unidos, um dos casos mais paradigmáticos. Durante quarenta anos, seiscentos homens negros foram incluídos em uma pesquisa sobre o ciclo natural da sífilis. Eles se dividiram em dois grupos de estudo: quatrocentos deles, infectados, foram alocados no grupo observacional, e os duzentos saudáveis, no grupo-controle. A pesquisa tinha o objetivo de verificar como a doença se desenvolveria em pessoas que não recebessem nenhum tratamento. Ela apenas era considerada finalizada para os participantes após a realização da necropsia.

A penicilina foi descoberta dez anos após o início desse estudo e passou a ser considerada o tratamento consolidado para a cura da sífilis na década de 1940. No entanto, o grupo continuou a receber apenas vitaminas, linimento e alimentação, ou seja, placebo ou nenhum tratamento. Paralelamente a isso, os participantes eram sistematicamente submetidos a procedimentos invasivos, como punções lombares, por exemplo. Jamais lhes foi oferecida a *melhor alternativa disponível* de tratamento. Do total de participantes, apenas setenta e quatro sobreviveram à pesquisa.

Esse e outros casos mostraram que as regulamentações propostas após a Segunda Guerra Mundial ou mesmo aquelas elaboradas por associações científicas não bastariam para demarcar os valores éticos da pesquisa. Foi assim que os anos 1970 e 1980 presenciaram o surgimento de dezenas de diretrizes éticas nacionais e internacionais para regular e monitorar as pesquisas científicas com pessoas. O Relatório Belmont, publicado em 1978 nos Estados Unidos, é considerado o documento que consolida a bioética e a ética em pesquisa como campos indispensáveis à prática científica. Os princípios éticos propostos pelo relatório foram corroborados pela Resolução CNS 196/1996, o que estreitou os laços de diálogo ético internacional entre o Brasil e os países de referência para a pesquisa científica.

Reconhecer que o Brasil assumiu há mais de uma década o tema da ética em pesquisa como central à política de saúde não significa ignorar as preocupações dos ministros do Supremo Tribunal Federal sobre o futuro da pesquisa com células-tronco embrionárias. É preciso, no entanto, enfrentar os novos desafios lançados pela realidade dessa pesquisa com base no marco regulatório disponível no país. O sistema brasileiro de revisão ética encontra-se vinculado ao controle social da saúde, seguindo a recomendação de que ciência é algo muito importante para estar nas mãos apenas dos pesquisadores.

A HISTÓRIA DA ÉTICA EM PESQUISA

O tema da ética em pesquisa acompanha a história da pesquisa médica no século XX. Os avanços alcançados durante a Segunda Guerra Mundial, tais como a descoberta de vacinas e de novos métodos cirúrgicos e de tratamento, foram desafiados por inúmeros questionamentos éticos sobre como incluir participantes nas pesquisas científicas. No caso de pesquisas conduzidas durante a guerra, em particular das que incluíram abusos cometidos por médicos e pesquisadores nazistas, as controvérsias éticas foram ainda mais intensas.

SEGUNDA GUERRA MUNDIAL – ENTRE ALEMÃES E JAPONESES, OS PARTICIPANTES DAS PESQUISAS

O fim da Segunda Guerra Mundial foi um marco no debate sobre ética em pesquisa. Entre as denúncias dos crimes de guerra, estavam os cruéis experimentos dos médicos nazistas. A expressão "cobaias" passou a ser utilizada para descrever a condição de vulnerabilidade dos participantes nesses experimentos, e não mais apenas o uso de animais não-humanos em pesquisas científicas.[1] As "cobaias humanas" de Joseph Mengele, o principal mentor do projeto médico e científico alemão durante a guerra, eram grupos oprimidos e segregados pelo ideário nazista: judeus, testemunhas-de-jeová, ciganos, minorias raciais e pessoas portadoras de deficiência.[2]

As "cobaias humanas" eram compulsoriamente recrutadas nos campos de concentração, ou seja, eram pessoas sob o comando do regime nazista, as quais não escolhiam voluntariamente participar dos experimentos. Os centros de pesquisa de Mengele estavam espalhados em diferentes campos de concentração, formando um complexo experimental, o que facilitava a seleção compulsória ou mesmo a substituição de quem morria durante as pesquisas. Diferentes tipos de investigação foram realizados: desde pesquisas para atender às necessidades das frentes de batalha até experimentos relacionados a doenças infecciosas, estudos para testar novos medicamentos e programas de operação e dissecação de pessoas sem anestesia. Não é exagero afirmar que todos esses eram procedimentos humilhantes e dolorosos. Muitos participantes morriam durante os testes.

Alguns experimentos foram amplamente divulgados após o término da guerra, abrindo uma extensa discussão sobre a ética em pesquisa. Prisioneiros de guerra foram forçados a beber água salgada para que se testasse a sobrevida sem água potável. Outros foram mantidos em tanques de água com baixíssimas temperaturas a fim de que se verificasse por quanto tempo sobreviveriam; em seguida, eles eram aquecidos para que se observasse sua recuperação termodinâmica. Cada experimento tinha uma justificativa no projeto nazista: o teste de termodinâmica, por exemplo, visava salvar os pilotos da Luftwaffe que, abatidos em voo, sobreviviam à queda, mas morriam por hipotermia nas águas geladas.[1, 3]

As crianças também não foram poupadas dos abusos dos experimentos nazistas. A fim de que se conhecesse a história natural de doenças, crianças saudáveis foram infectadas com o vírus da hepatite, por exemplo.[4] Outras foram submetidas a cirurgias experimentais sem anestesia para que se observassem reações a estímulos. Entre os procedimentos cirúrgicos, realizaram-se operações para mudança de sexo, castração, remoção de órgãos e membros. Um dos experimentos mais abusivos da história da medicina nazista foi também conduzido com crianças: a injeção de anilina nos olhos de gêmeos idênticos para testar a mudança de cor.

Houve ainda casos de pessoas que foram deliberadamente feridas e que tiveram agentes infecciosos injetados em seus ferimentos a fim de que, posteriormente, fossem testados medicamentos. Em tais testes, essas pessoas eram divididas em dois grupos: as que recebiam tratamento e as que não o recebiam. O objetivo era conhecer a eficácia do tratamento estudado, simulando situações de ferimento e infecção comuns nos campos de batalha. No entanto, experimentos abusivos em nome do progresso científico não foram conduzidos apenas pelos médicos alemães sob o regime nazista. Durante a ocupação japonesa na China e na Coreia na Segunda Guerra, pessoas foram submetidas a experiências realizadas com armas químicas e biológicas, o que levou à morte pelo menos trezentos mil seres humanos.

Ao contrário do caso alemão, os japoneses utilizaram poucas "cobaias prisioneiras", pois o alvo principal era a população civil.[5] A equipe de pesquisa era composta por milhares de médicos, cientistas, técnicos auxiliares e enfermeiros que trabalhavam intensamente em vários centros. A missão desses cientistas e sua equipe era a de disseminar epidemias em diferentes regiões, uma forma de guerra biológica disfarçada, porém com grande eficácia. Além da população civil, visava-se atingir plantações, de modo a causar a fome e aumentar a exposição das pessoas às epidemias. Em laboratórios bem equipados, eram realizadas vivissecções sem anestesia nos camponeses.[5, 6]

Os centros de experimentação ficaram conhecidos como "fábricas de morte". Uma delas, a Unidade 731, na Manchúria, guarda histórias de tortura. A rotina de pesquisa consistia em oferecer boa alimentação e exercícios físicos regulares às pessoas envolvidas. O objetivo desse tratamento cuidadoso era garantir que os participantes estivessem em excelentes condições de saúde, pois seriam dissecados vivos e teriam suas cabeças abertas para avaliação da massa encefálica. Assim como muitos procedimentos nazistas, essas eram práticas realizadas sem qualquer anestesia.[7, 8]

No entanto, durante quarenta anos, esse foi um dos mais importantes segredos da guerra entre os oficiais japoneses. A descoberta dos crimes ocorreu de uma forma pouco usual: um estudante encontrou as anotações de um oficial em uma loja de livros usados. O anúncio gerou uma série de protestos dos sobreviventes, o que provocou tensão diplomática entre os países envolvidos. Em meio às controvérsias éticas, estava a pergunta sobre se os resultados dessas pesquisas poderiam ter sua validade científica reconhecida e serem utilizados pela comunidade internacional.[5] Os pesquisadores deveriam ter sido julgados por crime de guerra, mas o tribunal que realizou o julgamento desses crimes em Tóquio não os colocou na pauta.

O Julgamento de Nurembergue

A cidade de Nurembergue, na Alemanha, foi o centro de uma série de julgamentos realizados por uma corte internacional – o Tribunal de Nurembergue. Esse tribunal resultou de um acordo assinado em Londres, em agosto de 1945, por representantes dos quatro países vencedores da guerra: Estados Unidos, Grã-Bretanha,

França e a então União Soviética. A corte era composta por juízes e promotores dessas quatro nações e foi presidida pelo promotor estadunidense Robert Jackson. No primeiro julgamento, os principais líderes da Alemanha nazista foram acusados de crimes contra a humanidade e contra o direito internacional. Dos vinte e dois réus, entre os quais altos funcionários nazistas, como Hermann Goering e Rudolf Hess, dezenove foram condenados e três absolvidos. As penas eram variadas: de dez anos de prisão a prisão perpétua ou pena de morte por enforcamento.[9]

Entre 1945 e 1949, foram efetuados doze julgamentos. O primeiro deles foi o que analisou as pesquisas médicas com seres humanos nos campos de concentração nazistas. Os pesquisadores alemães responsáveis pelos experimentos abusivos estavam agora no banco dos réus. Foram oito meses de julgamento entre a acusação e a sentença. A principal tese do tribunal contra os alemães foi a de que as pessoas envolvidas nas pesquisas estavam em situação de extrema fragilidade, não dispondo de quaisquer possibilidades de defesa ou exercício da vontade. Elas foram compulsoriamente utilizadas pela medicina nazista como "cobaias prisioneiras".

O julgamento teve enorme repercussão internacional. Países com grande concentração de vítimas do regime nazista estavam atentos aos fatos. Israel, por exemplo, sentenciou à forca Adolf Eichmann, um dos carrascos nazistas. Seu julgamento foi um dos mais noticiados internacionalmente após o Tribunal de Nurembergue.[10] Esse conjunto de fatos e, o mais importante, sua ampla divulgação mundial após a Segunda Guerra levaram à elaboração de diretrizes internacionais para a pesquisa científica com pessoas. O objetivo era garantir que princípios dos direitos humanos – em particular a dignidade da pessoa humana e a autonomia da vontade – seriam o ponto de partida de qualquer pesquisa científica envolvendo pessoas.[11] Foi nesse marco da gênese da cultura dos direitos humanos que, em 1947, se elaborou o Código de Nurembergue.[12, 13]

O CÓDIGO DE NUREMBERGUE

O Código de Nurembergue representa a entrada definitiva de princípios da cultura dos direitos humanos na pesquisa científica. Composto por dez artigos, um número simbólico para a tradição ocidental, o documento tinha como objetivo ser claro e sintético na orientação ética das pesquisas. O primeiro artigo era uma resposta imediata aos julgamentos de guerra: "o consentimento voluntário do ser humano é absolutamente essencial".[13] Desde então, o consentimento individual para a inclusão em um estudo vem sendo uma questão-chave no campo da ética em pesquisa, assim como noções de equilíbrio entre risco e benefício ou medidas de proteção à saúde e dignidade dos participantes.[14]

Sob a ótica totalitária e opressora do nazismo, as pesquisas abusivas dos campos de concentração se justificavam em nome do bem comum: algumas pessoas morreriam ou sofreriam danos irreversíveis, mas a ciência avançaria. O Código de Nurembergue impôs restrições definitivas a essa matriz utilitarista perversa, uma vez que os participantes não poderiam ser instrumentos para o avanço científico, mas sempre pessoas protegidas pelos direitos humanos e com interesses particulares a serem respeitados. Todos os artigos do documento corroboram essa redefinição da pesquisa científica: o participante tem o direito de abandonar o estudo sem represálias, o ensaio em humanos deve ser precedido de experimentações em animais não-humanos, e pesquisas com risco de morte devem ser evitadas.

Um fenômeno inesperado, no entanto, se sucedeu à divulgação do Código de Nurembergue. O documento ficou conhecido como uma peça do julgamento dos crimes de guerra e, portanto, como um discurso ético sobre as atrocidades nazistas. Pelo fato de ter sido uma resposta imediata ao pós-guerra, poucos pesquisadores o entenderam como um guia orientador dos estudos com pessoas fora das situações de guerra. O resultado foi um silêncio em torno das pesquisas científicas e de quais princípios éticos as norteariam. Houve uma falsa presunção de que apenas os criminosos da guerra deveriam ser chamados à reflexão ética, sendo esse um tema secundário às pesquisas de países democráticos e livres.[14]

A Declaração de Helsinque

O Código de Nurembergue foi um documento elaborado em resposta às denúncias dos crimes de guerra. Seus autores foram juristas e médicos militares, e seu marco de referência, os direitos humanos. Como principais alvos de crítica, estavam os pesquisadores médicos nazistas. Isso representava uma mudança simbólica de prestígio social pouco confortável para os médicos. Foi exatamente na tentativa de reaproximar ética, medicina e opinião pública que a Associação Médica Mundial propôs a Declaração de Helsinque, em 1964.[15] O documento é um desdobramento de alguns dos preceitos éticos do Código de Nurembergue, porém com objetivos mais concretos de intervenção na prática de pesquisa biomédica. Desde sua edição, a Declaração de Helsinque já passou por várias revisões (Tóquio, 1975; Veneza, 1983; Hong Kong, 1989; Somerset West, 1996; Edimburgo, 2000; Estados Unidos, 2002; Tóquio, 2004).[16]

O objetivo de devolver dignidade à prática médica era tão claro no documento que seu primeiro artigo afirmava: "a missão do médico é salvaguardar a saúde das pessoas. O conhecimento e a consciência são dedicados a atingir essa missão".[15] A ambição do texto, no entanto, não se restringia à pesquisa médica, mas abrangia todas as áreas de saúde; por isso, ele se referia à biomedicina. A primeira versão da Declaração de Helsinque consistia em um texto breve, composto de três seções: 1) princípios básicos; 2) pesquisa médica combinada com cuidados em saúde; e 3) pesquisa biomédica sem fins terapêuticos. A primeira seção é a que mais diretamente dialoga com o Código de Nurembergue, reafirmando a importância de princípios éticos, como o consentimento, a dignidade e a integridade dos participantes.

As versões subsequentes da Declaração de Helsinque foram tentativas de acompanhar o debate sobre ética em pesquisa no campo médico. Dada a legitimidade que o documento alcançou internacionalmente, e não apenas no universo da pesquisa biomédica, os processos de sua revisão foram objeto de intensa controvérsia. Temas como a importância dos comitês de ética em pesquisa, os estudos multicêntricos ou o acesso a tratamentos de saúde tiveram sua entrada definitiva na agenda de debates internacionais sobre ética em pesquisa.[16] Por isso, mesmo sendo de uma única associação profissional, a Declaração de Helsinque constitui, hoje, uma das peças de reflexão ética fundamentais nesse debate.

HENRY BEECHER E A VIRADA ÉTICA

A proposição de documentos na esfera da ética em pesquisa foi um dos passos iniciais para a consolidação da cultura dos direitos humanos na ciência biomédica. No entanto, o espanto causado por uma publicação de Henry Beecher mostrou que era preciso ir além das regulamentações internacionais e avançar em campos mais sólidos para a mudança de valores e práticas na pesquisa.[17] Em 1966, Beecher escreveu um artigo de revisão sobre dezenas de estudos conduzidos com pessoas publicados em periódicos de grande prestígio internacional. O objetivo era avaliar quais critérios éticos haviam sido utilizados pelos investigadores para realizar pesquisas com populações vulneráveis, tais como crianças, deficientes ou idosos.

Esse artigo analisou vinte e dois estudos conduzidos nos Estados Unidos após a Segunda Guerra Mundial, muito embora mais de cinquenta tivessem sido recuperados na pesquisa documental.[17] A metodologia de avaliação examinou seções-chave dos artigos para o debate ético: objetivo da pesquisa, população envolvida, financiadores e resultados. A principal constatação de Beecher foi sobre quem eram os participantes das pesquisas de maior risco – internos em presídios e instituições asilares, crianças com deficiência mental e idosos com demência. Ou seja, eram pessoas que, apesar de muito diversas entre si, comungavam da condição de vulnerabilidade já anunciada como delicada para o envolvimento em pesquisas científicas pelo Código de Nurembergue e pela Declaração de Helsinque.[14, 17]

Alguns estudos foram apresentados em detalhes, uma forma de desnudar o quanto a pesquisa científica estava distante de valores humanistas e preceitos éticos já acordados internacionalmente. É importante lembrar que todas as pesquisas tinham sido realizadas fora do contexto da guerra, ou seja, diferente dos experimentos nazistas, eram agora pesquisadores de sociedades democráticas que haviam levado pessoas à morte por não administrar tratamentos, por oferecer placebo ou por inocular vírus para conhecer a evolução de doenças contagiosas.[17] Além disso, grande parte dos estudos foi financiada por instituições públicas de pesquisa, o que indica que os investigadores não estavam sozinhos na elaboração do desenho metodológico de seus experimentos.

O artigo de Beecher deve ser entendido como uma peça que, por se destinar a analisar a realidade da pesquisa científica afastada das circunstâncias de guerra, permitiu a aproximação entre discursos ainda distantes – a ética e a prática científica. Mais importante do que as declarações internacionais, foi esse estudo que provocou a abertura do debate sobre ética em pesquisa dissociada do contexto do nazismo e dos abusos da guerra. Um dos pontos de vanguarda de Beecher foi a defesa do termo de consentimento livre e esclarecido para a participação de pessoas em pesquisas científicas. Ainda hoje, esse é um dos requisitos fundamentais em grande parte dos experimentos com seres humanos, em particular com populações vulneráveis.[17, 18]

Casos

A ética em pesquisa se fortaleceu com os debates públicos nos Estados Unidos nos anos 1970 e 1980. Após a publicação do artigo de Beecher, dois casos foram decisivos para a agenda de discussões políticas e acadêmicas sobre o tema. O primeiro foi um experimento clínico realizado com o objetivo de conhecer a história natural da sífilis, e o segundo foi um estudo na área da psicologia para verificar a interação entre grupos e suas reações em situações hierárquicas.

1. O Estudo Tuskegee

Esse é um dos casos mais discutidos na história da ética em pesquisa nos últimos quarenta anos. O cenário é um estudo sobre sífilis financiado pelo governo dos Estados Unidos e conduzido com seiscentos homens negros agricultores, residentes no estado do Alabama. O objetivo era conhecer o ciclo natural de evolução da doença e, para isso, os participantes foram divididos em dois grupos: duzentos homens receberam o tratamento para a sífilis disponível na época e quatrocentos foram incluídos no grupo-controle, ou seja, não receberam nenhum tratamento. Todos os participantes eram jovens, e o critério de inclusão era já ter a doença há pelo menos cinco anos. A pesquisa foi conduzida entre 1932 e 1972, sendo que em grande parte desse período o principal tratamento para a sífilis, a penicilina, já havia sido descoberto. Foi somente com a denúncia do caso na capa do jornal *The New York Times* que se interrompeu o estudo.[19]

Uma das controvérsias centrais do Estudo Tuskegee era sobre como seiscentos homens foram convencidos a participar da pesquisa. Na verdade, chegou-se à conclusão de que eles não foram informados de que se tratava de uma pesquisa médica, mas iludidos de que estariam recebendo tratamento contra a sífilis. Naquele momento, essa era a "doença do sangue ruim", e era conhecida a sua letalidade.[20] De fato, as investigações sobre a pesquisa mostraram que aqueles homens não consentiram em participar e, muito menos, em não obter tratamento no grupo-controle. Durante o estudo, eles recebiam atenção da equipe de pesquisadores, mas esses serviços ou cuidados, tais como vitaminas e consultas médicas, eram secundários ao tratamento da doença.

Antes da denúncia pela imprensa, alguns artigos foram divulgados na comunicação científica sobre o caso, mas nenhum atingiu a opinião pública e provocou o debate ético.[21, 23] Do total de participantes, apenas setenta e quatro sobreviveram.[24] Mas o impacto do caso deve ser entendido para além dos equívocos científicos e éticos da pesquisa. Não restam dúvidas de que não se deve utilizar placebo em contextos em que há tratamento eficaz para uma doença; ficou evidente, também, que não se pode ludibriar os participantes sobre o verdadeiro objetivo do estudo. No entanto, o principal legado do Estudo Tuskegee foi ter permitido aproximar a pesquisa médica do debate público sobre ética, ao demonstrar que a ética em pesquisa deveria ser uma questão discutida não apenas pelas agências de financiamento ou comunidades científicas, mas principalmente pela sociedade.

2. A Pesquisa da Prisão Stanford

A novidade desse caso foi o deslocamento do debate sobre ética em pesquisa do campo médico para outras áreas da pesquisa biomédica, em particular a psicologia. O estudo foi coordenado pela Universidade Stanford, nos Estados Unidos, em 1971, e simulava a organização social de um presídio.[25] Situado no marco dos estudos comportamentais, ele tinha como objetivo analisar a reação das pessoas a simulações de situações hierárquicas com restrição de liberdade. Os participantes foram recrutados após uma chamada no jornal, em que se ofereciam cento e quarenta reais por dia de participação, uma quantia convidativa aos alunos da universidade. A pesquisa seria realizada em duas semanas, e vinte e quatro estudantes foram selecionados para ocupar o papel de guardas e de prisioneiros em uma penitenciária simulada na Faculdade de Psicologia.

O critério de seleção dos participantes baseou-se em testes psicológicos e médicos, visando encontrar aqueles que se adequavam ao perfil idealizado pela metodologia. A preparação para a simulação dos papéis de guardas e presos se deu em uma única reunião, quando foram feitas recomendações de segurança, tais como o não-uso da violência, e explicadas algumas regras de funcionamento das relações sociais no presídio. Uma das primeiras ações de pesquisa foi simular o registro dos participantes-presos na polícia para a tomada de impressões digitais, a guarda dos pertences pessoais e a leitura dos direitos. Não se simulou a delegacia; em vez disso, para garantir o senso de realidade necessário ao estudo, estabeleceu-se uma parceria com o Departamento de Polícia, e policiais reais colaboraram nessa fase. Transportados para o presídio fictício, os participantes receberam uma nova identidade.[25, 26]

O desafio da pesquisa teve início quando os participantes assumiram seus novos papéis e identidades. De um jogo de representação social, o estudo adquiriu contornos não previstos pelos coordenadores. Os participantes no papel de guardas adotaram posturas abusivas e violentas, as quais foram inicialmente aceitas por aqueles no papel de prisioneiros. No entanto, à medida que a simulação ganhava força, os participantes que atuavam como prisioneiros decidiram se rebelar, e os coordenadores da pesquisa interromperam o estudo antes do prazo previsto. O risco de uma verdadeira rebelião com uso incontrolável de violência estava no cenário de decisões da equipe.

O resultado foi desolador: os objetivos da pesquisa não foram alcançados, e os participantes que ocuparam o papel de prisioneiros sofreram severas alterações emocionais. Além dos equívocos metodológicos e éticos, um ponto extensamente discutido no desenho do estudo foi o papel do coordenador da pesquisa, pois, em vez de um observador da simulação, ele atuou como diretor do presídio sendo um participante do estudo.[27]

O Relatório Belmont

A divulgação desses casos de pesquisa científica com participantes em situações extremas permitiu a abertura do debate sobre ética em pesquisa. Foi nesse novo cenário de debates que, em 1974, o governo dos Estados Unidos instituiu a Comissão Nacional para a Proteção de Sujeitos Humanos em Pesquisas Biomédicas e Comportamentais.[28] Durante quatro anos, o objetivo da comissão foi pensar os desafios éticos da pesquisa biomédica e comportamental, a fim de propor diretrizes para os estudos futuros. Entre os compromissos da comissão, estava o de que seriam cuidadosamente ponderadas as pesquisas com populações vulneráveis, em particular as que incluíssem crianças, internos em presídios e pessoas com deficiência. O resultado foi a publicação do *Relatório Belmont*, em 1978, um marco para as regulamentações nacionais de diversos países nas décadas seguintes.[28]

Não é uma tarefa simples traduzir a complexidade do raciocínio ético para o universo dos desafios lançados pela pesquisa biomédica. É preciso um esforço de tradução do debate filosófico para o campo da ética aplicada. Foi nesse espírito de resolução de problemas e antecipação de novas dificuldades que o *Relatório Belmont* propôs três princípios norteadores da ética em pesquisa: respeito pelas pessoas, beneficência e justiça. Os autores do documento justificaram a indicação desses três princípios em razão de sua presença na tradição filosófica e cultural de grande parte dos países onde o debate sobre ética em pesquisa se estruturava. Além disso, tais princípios tinham sido os fundamentos dos documentos internacionais já propostos sobre o tema:

1) Respeito pelas pessoas: reconhece que os indivíduos são autônomos e devem ter liberdade e independência em suas decisões. Esse princípio é um dos fundamentos do termo de consentimento livre e esclarecido;

2) Beneficência: princípio com larga tradição na história da prática médica, assume que fazer o bem é maximizar os benefícios e não causar danos. O principal desafio é balancear noções coletivas e privadas de bem perante os riscos e benefícios de uma pesquisa;

3) Justiça: também conhecido como equidade nas pesquisas, tem o objetivo de garantir a igual distribuição de riscos e benefícios. Com base nesse princípio, especial atenção vem sendo dada à seleção dos participantes.

O documento teve grande repercussão. Por um lado, era uma das iniciativas pioneiras de países democráticos em assumir que o tema da ética em pesquisa não era matéria exclusiva de crimes de guerra. Esse fato representou uma guinada importante no debate internacional, impulsionando a reflexão em diferentes países. Por outro lado, o compromisso do documento com a clareza e a instrumentalidade permitiu que o raciocínio sobre ética em pesquisa ultrapassasse os limites dos departamentos de humanidades e atingisse a prática da pesquisa científica. O resultado imediato foi a publicação de *Princípios da ética biomédica*, uma das obras de referência da bioética. Nela, os três princípios foram discutidos e reformulados, o que levou a teoria dos quatro princípios ou teoria principialista.[29]

A partir desse marco, foram elaborados e divulgados outros documentos para subsidiar o processo de revisão ética das pesquisas, com o objetivo de promover a proteção, o bem-estar e a segurança dos participantes. Essas diretrizes determinam que os estudos não devem ser iniciados antes de sua avaliação por um comitê de ética em pesquisa. Conhecer alguns desses documentos é importante, pois a maioria dos países os utiliza como referência para a elaboração de suas normas e legislação nacionais. Podem ser citados:

1) Diretrizes Éticas Internacionais para a Pesquisa Biomédica em Seres Humanos (CIOMS/OMS) – divulgadas em 1982, foram alvo de duas revisões, em 1993 e 2002;[30]

2) Diretrizes Internacionais para Revisão Ética de Estudos Epidemiológicos (CIOMS/OMS) – sua primeira versão foi disponibilizada em 1991 e atualmente se encontra em fase de revisão;[31]

3) Diretrizes para Boas Práticas Clínicas (GCP/ICH), divulgadas em 1996;[32]

4) Considerações Éticas em Pesquisas Biomédicas para Prevenção do HIV (Unaids/OMS) – a versão inicial, de 2000, foi revisada e atualizada em 2007;[33]

5) Diretrizes Operacionais para Comitês de Ética que Revisam Pesquisas Biomédicas (TDR/OMS), divulgadas em 2000;[34]

6) Questões Éticas e Políticas em Pesquisas Envolvendo Participantes Humanos (NBAC/EUA) e Questões Éticas e Políticas em Pesquisas Internacionais: Ensaios Clínicos nos Países em Desenvolvimento (NBAC/EUA), ambas de 2001;[35]

7) Ética em Pesquisa Relacionada a Cuidados de Saúde nos Países em Desenvolvimento (Nuffield Council on Bioethics/Reino Unido), de 2002 e 2004;[36]

8) Declaração Universal sobre Bioética e Direitos Humanos (Unesco), de 2005.[37]

REFERÊNCIAS BIBLIOGRÁFICAS

1. ANNAS, G. J., GRODIN, M. A. *The Nazi doctors and the Nuremberg Code: human rights in human experimentation*. New York: Oxford University Press, 1992.

2. COSTA S. I. F. Ética em pesquisa e bioética. In: GUILHEM, D.; DINIZ, D.; ZICKER, F. (eds.). *Pelas lentes do cinema: bioética e ética em pesquisa*. Brasília: LetrasLivres/Editora UnB, 2007. p. 91-108.

3. Hipocráticos hipócritas. Revista *Veja*; set. 1943. Número especial: Segunda Guerra Mundial – o maior conflito da história. [Aces-

so em 1 abr. 2008.] Disponível em: http://veja.abril.com.br/especiais_online/segunda_guerra/edicao006/sub2.shtml.

4. SCHETTINI, A. Salomón, Feldberg. In: SCHETTINI A. *Y eligirás la vida*. Buenos Aires: Aguilar, 2005. p. 85-141.

5. BARENBLATT, D. *A plague upon humanity: the secret genocide of axis Japan's germ warfare operation*. London: Souvenir Press, 2004.

6. MARTINS, H. *Biotecnologia tanatocrática*. Novos estudos Cebrap 2006, 74: 213-20.

7. MONTAÑA MARTINEZ, M.; WOLTMANN, A., ARAÚJO, L. H. Bonesso de. A evolução da bioética e do biodireito nas normas internacionais do Mercosul: a dignidade humana como limite nas pesquisas com seres humanos [ensaio na internet]. [Acesso em 18 abr. 2008.] Disponível em: http://www.ocyt.org.co/esocite/Ponencias_ESOCITEPDF/4BRS082.pdf.

8. SHELDON, H. H. Japanese medical atrocities in World War II: Unit 731 was not an isolated aberration. International Citizens Forum on War Crimes & Redress; 1999 Dec. 11; Tokyo, Japan. [Acesso em 18 abr. 2008.] Disponível em: http://www.vcn.bc.ca/alpha/speech/Harris.htm.

9. Simulação de Organizações Internacionais. TMI – Tribunal Militar Internacional: Tribunal de Nuremberg (1945). Guia de Estudos. [Acesso em 18 abr. 2008.] Disponível em: http://soi2005.soi.com.br/downloads/guiaestudos_tmi.pdf.

10. ARENDT, H. *Eichman em Jerusalém: um relato sobre a banalidade do mal*. São Paulo: Companhia das Letras, 1999.

11. UNITED STATES HOLOCAUST MEMORIAL MUSEUM. Enciclopedia del holocausto. Juicios de crímenes de guerra. [Acesso em 23 ago. 2007.] Disponível em: http://www.ushmm.org/wlc/article.php?lang=sp&ModuleId=10005765.

12. DINIZ, D., GUILHEM, D. *O que é bioética*. São Paulo: Brasiliense, 2002.

13. CÓDIGO DE NUREMBERGUE – 1947. [Acesso em 3 mai. 2008.] Disponível em: http://www.ufrgs.br/bioetica/nuremcod.htm

14. ROTHMAN, D. *Strangers at the bedside: a history of how law and bioethics transformed medical decision making*. Nova York: Basic Books. 1991.

15. WORLD MEDICAL ASSOCIATION. *Declaration of Helsinki*. Helsinki: WMA. 1964.

16. WORLD MEDICAL ASSOCIATION. Declaration of Helsinki. [Acesso em 23 ago. 2007]. Disponível em: http://www.wma.net/e/policy/pdf/17c.pdf

17. BEECHER, H. K. Ethics and clinical research. N Engl J Med 1966, 274(24): 1354-60.

18. BEECHER, H. K. Consent in clinical experimentation: myth and reality. JAMA 1966, 195(1): 34-5.

19. REVERBY, S. M. (ed.). Tuskegee's truths: rethinking the Tuskegee syphilis study. United States: The University of North Carolina Press, 2000.

20. JONES J. *Bad blood: the Tuskegee syphilis experiment*. New York: Free Press, 1993.

21. RIVERS, E., SCHUMAN, S. H., SIMPSON, L., OLANSKY, S. Twenty years of follow-up experience in a long-range medical study. Public Health Rep 1953, 68: 391-95.

22. OLANSKY, S., SIMPSON, L., SCHUMAN, S. H. Environmental factors in the Tuskegee study of untreated syphilis: untreated syphilis in the male negro. Public Health Rep 1954, 69(7): 691-98.

23. SHAFER, J. K.; USILTON, L. J., GLEESON, G. Untreated syphilis in male negro: a prospective study of the effect of life expectancy. Milbank Mem Fund Q 1954, 32(3): 262-74.

24. HELLER, JR., BRUYERE, P. T. Untreated syphilis in the male negro: mortality during 12 years of observation. In: REVERBY, S. M.,

(ed.). *Tuskegee's truths: rethinking the Tuskegee syphilis study*. Chapel Hill: The University of North Carolina Press, 2000. p. 119-24.

25. ZIMBARDO, P. G. On the ethics of intervention in human psychological research: with special reference to the Stanford prison experiment. Cognition [periódico na internet] – 1973 [acesso em 10 nov. 2007], 2(2): 243-56. Disponível em: http://dionysus.psych.wisc.edu/Lit/Articles/ZimbardoP1973a.pdf.

26. CARNAHAN, T. Revisiting the Stanford prison experiment: could participant self-selection have led to the cruelty? Pers Soc Psychol Bull 2007, 33(5): 603-14.

27. HASLAM, S. A., REICHER, S. Beyond the banality of evil: three dynamics of an interactionist social psychology of tyranny. Pers Soc Psychol Bull 2007, 33(5): 615-22.

28. NATIONAL COMMISSION FOR THE PROTECTION OF HUMAN SUBJECTS OF BIOMEDICAL AND BEHAVIORAL RESEARCH (USA). The Belmont Report: ethical principles and guidelines for the protection of the human subjects of research. In: Reich WY, org. Encyclopedia of bioethics. New York: Macmillan, 1995. p. 2767-73.

29. BEAUCHAMP, T. L. *Childress JF. Principles of biomedical ethics*. 5. ed. Nova York: Oxford University Press, 2001.

30. CONSELHO DE ORGANIZAÇÕES INTERNACIONAIS DE CIÊNCIAS MÉDICAS. Diretrizes éticas internacionais para a pesquisa biomédica em seres humanos. GONÇALVES, M. S., SOBRAL, A. U. (tradutores). São Paulo: São Camilo/Loyola, 2004.

31. COUNCIL FOR INTERNATIONAL ORGANIZATIONS OF MEDICAL SCIENCES. International guidelines for ethical review of epidemiological studies. Geneva: CIOMS/WHO, 1991. [Acesso em 3 mai. 2008.] Disponível em: http://www.cioms.ch/frame_1991_texts_of_guidelines.htm.

32. INTERNATIONAL CONFERENCE ON HARMONIZATION OF TECHNICAL REQUIREMENTS FOR REGISTRA-

TION OF PHARMACEUTICAL FOR HUMAN USE (ICH). Harmonized tripartite guideline – guideline for good clinical practice - ICH/GCP Guideline. Geneva: ICH, 1996. [Acesso em 3 mai. 2008.] Disponível em: http://www.ich.org;cache;compo;276-254-1.html.

33. THE JOINT UNITED NATIONS PROGRAMME ON HIV/ AIDS. Ethical considerations in biomedical HIV prevention trials. Geneva: Unaids/WHO, 2007. [Acesso em 4 mai. 2008.] Disponível em: http://data.unaids.org/pub/Report/2007/jc1399-ethical-considerations_en.pdf.

34. GOVERNMENT OF THE UNITED STATES. NATIONAL BIOETHICS ADVISORY COMMISSION. PUBLICATIONS. [Acesso em 3 mai. 2008.] Disponível em: http://bioethics.georgetown.edu/nbac/pubs.html.

35. WORLD HEALTH ORGANIZATION. *Operational guidelines for ethics committees that review biomedical research*. Geneva: WHO/TDR, 2000.

36. NUFFIELD COUNCIL ON BIOETHICS. The ethics of research related to health care in developing countries. London: Nuffield Council on Bioethics, 2002.

37. UNESCO. *Declaração universal sobre bioética e direitos humanos*. Paris: Unesco, 2005. [Acesso em 3 mai. 2008.] Disponível em: http://unesdoc.unesco.org/images/0014/001461/146180por.pdf.

Sistemas de Revisão Ética em Pesquisa

As primeiras declarações e documentos normativos sobre ética em pesquisa afirmaram a cultura dos direitos humanos na prática científica. O campo se consolidou e o tema ganhou força nos debates acadêmicos. O passo seguinte foi a institucionalização da ética em pesquisa em comitês colegiados, além da criação de cursos de formação para jovens cientistas. A Declaração de Helsinque de 1975 foi o primeiro documento a propor que protocolos de estudos com seres humanos fossem avaliados por comitês independentes especializados no tema da ética em pesquisa.[1]

Comitês de ética em pesquisa

O surgimento dos comitês de ética em pesquisa se pautou em dois pressupostos. De um lado, o de permitir um monitoramento permanente da prática científica, pois os projetos devem ser avaliados e aprovados por um comitê antes do início de sua execução. O debate ético deve não apenas considerar os resultados de um protocolo de pesquisa, mas também acompanhar todas as fases de realização do estudo. Na verdade, a ética em pesquisa é uma reflexão a ser incorporada já na fase de desenho da metodologia. De outro lado, adotou-se o pressuposto de que a ética não é um tema exclusivo de cientistas que conduzem pesquisas, mas uma questão de interesse coletivo.

Em termos estritos, é possível afirmar que toda pesquisa científica apresenta riscos e benefícios às pessoas envolvidas. No entanto, há gradações de riscos que devem ser consideradas quando um projeto é avaliado por um comitê. Pesquisas em ciências humanas com técnicas de entrevista ou observação do comportamento, por exemplo, são alvo de "revisão simplificada" quando comparadas àquelas com fármacos ou novas terapêuticas, que exigem procedimentos invasivos no corpo dos participantes. Mas foi exatamente a centralidade ocupada pela pesquisa clínica no debate sobre ética em pesquisa que levou à emergência de importantes resoluções nos anos 1990.

Em 1996, uma ação conjunta da União Europeia, dos Estados Unidos e do Japão levou à elaboração das Diretrizes para Boas Práticas Clínicas (ICH-GCP).[2] A proposta do documento era definir critérios de qualidade científica e parâmetros éticos para a pesquisa com novos medicamentos em pessoas. Um desdobramento regional dessa iniciativa foi a criação da Rede Pan-Americana para a Harmonização da Regulamentação Farmacêutica (Rede PANDRH), coordenada pela Organização Pan-Americana de Saúde (Opas).[3] Esse cenário contribuiu para a elaboração ou o aprimoramento de marcos normativos e legais em diferentes países da região, como foi o caso do Brasil, Argentina, Peru e Chile.

A globalização da pesquisa em saúde nos anos 1990 foi um fator decisivo para a consolidação de diferentes sistemas de revisão ética.[4] A pesquisa multicêntrica, particularmente aquela conduzida em parceria entre países ricos e pobres, fez com que o tema da ética em pesquisa estivesse na pauta de negociações internacionais. Muito embora os princípios da ética em pesquisa sejam universais, a tensão entre diferentes interesses econômicos e humanitários levou cada país a estabelecer suas próprias regras de funcionamento dos sistemas de revisão ética, a fim de garantir que erros do passado não mais se repetissem.[5]

SISTEMAS DE REVISÃO ÉTICA

Uma análise comparativa dos diferentes sistemas de revisão ética internacionais levou à proposição de quatro modelos gerais:[6, 7]

1) Modelo de auto-regulação: as instituições de pesquisa são responsáveis por estabelecer e consolidar sistemas de avaliação próprios, acompanhados de mecanismos centralizados de referência. Os sistemas têm respaldo legal e contam com as instituições de referência para a capacitação, a auditoria das revisões éticas e a acreditação dos comitês. Um exemplo são os Estados Unidos;

2) Modelo de gestão por meio de órgãos governamentais de pesquisa: as agências de fomento à pesquisa estabelecem as diretrizes éticas a serem adotadas pelas instituições que recebem financiamento governamental. Não há marco legal para o funcionamento do sistema. Dois exemplos são o Canadá e a África do Sul;

3) Modelo de gestão governamental: existe um marco legal e regulamentar detalhado que define a criação e o funcionamento do sistema de revisão das pesquisas, estabelecendo normas e procedimentos a serem seguidos. Dois exemplos são a França e a Dinamarca;

4) Modelo interativo: é uma possibilidade mais recente segundo a qual a legislação do país passa a incluir requisitos apresentados em diretrizes internacionais, como a ICH-GCP. É um modelo tentativo para padronizar as diferentes regulamentações de países pertencentes à União Europeia.

O sistema brasileiro de revisão ética aproxima-se do primeiro modelo, mas adota características particulares: ao mesmo tempo em que o sistema possui regulamentação detalhada, o arcabouço normativo depende de legislação genérica para respaldá-lo. Além disso, o sistema brasileiro se propõe a revisar e acompanhar todas as pesquisas envolvendo seres humanos, independentemente da área do conhecimento.[7]

FUNCIONAMENTO DOS SISTEMAS DE REVISÃO ÉTICA

ESTADOS UNIDOS

Os Estados Unidos são uma referência internacional para o modelo de auto-regulação como sistema de revisão ética. Várias agências e órgãos do governo atuam em diferentes aspectos da regulação da ética em pesquisa. Os Institutos Nacionais de Saúde (NIH), o Departamento de Saúde e Serviços Humanos (HHS) e a Administração de Alimentos e Medicamentos (FDA) se uniram e estabeleceram regras para monitoramento do sistema de revisão ética, capacitação de pesquisadores e de membros de comitês de ética em pesquisa, e registro e acreditação dos comitês. Além disso, eles avaliam casos de conduta científica imprópria, garantindo a proteção dos participantes das pesquisas.[8-10] Essa proteção é considerada uma questão central ao sistema estadunidense, a tal ponto que o Serviço para Proteção de Pesquisas com Humanos (OHRP) se constitui em órgão destinado a elaborar diretrizes éticas e material educativo a serem seguidos pelas instituições de pesquisa a fim de garantir os interesses e direitos dos participantes.[11, 12]

Nos Estados Unidos, os comitês de ética são denominados *comitês de revisão institucional* ou *comitês de ética institucional* e estão localizados em instituições de ensino e de pesquisa, em hospitais e em centros médicos. O registro de um comitê deve ser feito por meio da apresentação de currículos dos membros, cabendo a aprovação ao OHRP. Um ponto crucial no sistema estadunidense é garantir que os comitês de ética sejam independentes, isto é, que não sejam criados comitês apenas para aprovar projetos de investigadores das instituições onde os membros fazem pesquisa.

No sistema estadunidense, os pareceres emitidos pelos comitês sobre determinada pesquisa são conclusivos. Havendo parecer favorável, os estudos podem ser iniciados. Não existe uma instância nacional centralizadora com o papel de fazer nova revisão ética de pesquisas avaliadas pelos comitês, mas os incidentes ocorridos durante a realização do estudo devem ser reportados à OHRP.

CANADÁ

No tocante ao modelo de gestão por meio de órgãos governamentais de pesquisa, o Canadá é uma referência. Em finais dos anos 1990, a regulamentação canadense foi extensamente revista, adotando um sistema de gestão original em âmbito internacional. As três mais importantes agências de fomento à pesquisa do país se uniram para formular as diretrizes éticas intituladas Regulamentações Éticas para a Pesquisa com Seres Humanos: Políticas de Três Conselhos.[13] O objetivo era elaborar um documento que representasse a diversidade disciplinar e metodológica de diferentes áreas do conhecimento (Instituto de Pesquisas em Saúde do Canadá, Conselho de Pesquisas Naturais e

O que é Ética em Pesquisa

Engenharia do Canadá e Conselho de Pesquisas em Ciências Sociais e Humanas do Canadá).[14-16]

O modelo canadense reconhece nos comitês uma dupla identidade – cabe a eles a revisão ética dos projetos e a análise de recursos sobre avaliações. Há uma forte ênfase no papel de monitoramento e acompanhamento das pesquisas durante a fase de execução, uma tarefa cada vez mais reconhecida como fundamental nos comitês, apesar do grande desafio operacional que representa.[17, 18] Assim como em outros países, o trabalho dos membros nos comitês é gratuito e voluntário.

Esse modelo possui procedimentos mais flexíveis, porém, carece de arcabouço legal abrangente, o que impõe limitações nem sempre simples de serem resolvidas. Algumas situações são especialmente desafiadoras; por exemplo, a realização de auditorias sobre o trabalho desenvolvido pelos comitês, o estabelecimento de sanções aos pesquisadores em caso de conduta imprópria e a dificuldade de encontrar comitês que se disponham a avaliar pesquisas que não serão realizadas no âmbito hospitalar, já que a maioria dos atualmente existentes se encontra localizada em hospitais.[19]

Os comitês de ética em pesquisa são organismos independentes, mas as informações relativas a cada um deles devem ser enviadas ao Conselho Nacional de Ética em Pesquisa com Humanos, que mantém uma listagem atualizada dos comitês existentes a fim de estabelecer redes de discussão e manter a transparência do processo. Não há, no entanto, uma instância nacional que centralize atividades regulatórias ou recursais.[20] Existe uma Associação Canadense de Comitês de Ética em Pesquisa, cujo objetivo é fortalecer as atividades desenvolvidas, promovendo: 1) interação entre os comitês para discutir e compartilhar boas práticas de revisão ética; 2) reflexão sobre avanços e desafios do trabalho desenvolvido pelos comitês; 3) compartilhamento de documentos sobre ética em pesquisa; 4) divulgação de informações provenientes de outras instituições; 5) identificação de necessidades relacionadas ao treinamento e à capacitação dos membros de comitês.[21]

DINAMARCA

O modelo dinamarquês, enquadrado como de gestão governamental, é original no cenário internacional. Algumas características do sistema dinamarquês o distanciam de outros sistemas: 1) os oito comitês de ética em pesquisa existentes no país são regionais e não institucionais, o que favorece o exercício da independência no processo de revisão e fortalece os poucos, porém sólidos, comitês; 2) os comitês são órgãos colegiados pequenos, mas com paridade entre cientistas, acadêmicos e representantes da comunidade; 3) as regras de funcionamento são simples, o que facilita a avaliação de projetos multicêntricos; 4) há um órgão central vinculado ao Ministério de Pesquisa e Informação Tecnológica que coordena os comitês de ética regionais.[22, 23]

Um dos pilares do sistema dinamarquês é sua previsão legal. Por força de lei, os comitês têm o direito de acompanhar e supervisionar os projetos de pesquisa até a apresentação dos resultados. Para os pesquisadores que não cumprirem com as diretrizes do sistema de regulação ética, há punições que vão desde a prisão até a perda do registro profissional nos conselhos de classe.[24, 25] A Dinamarca levou tão a sério o desafio de punir aqueles que transgridem as regras éticas que foi instituído o Comitê de Desonestidade Científica.[26, 27] A função desse comitê é apurar denúncias de fraude e conduta imprópria em pesquisa. Os temas investigados abrangem plágio, roubo de ideias, fabricação e exclusão de dados ou questões relacionadas à autoria.

Diferente do sistema canadense, cujo espírito é multidisciplinar, o modelo dinamarquês é ainda acentuadamente biomédico, havendo pouco espaço para o diálogo com outros campos. A decisão de direcionar a criação dos comitês para avaliar principalmente as pesquisas clínicas pressupõe alguns cuidados especiais. A escolha dos membros com formação acadêmica é feita pelo Conselho Dinamarquês de Pesquisa em Ciências da Saúde, ao passo que os representantes da comunidade são apontados pelos estados. Os pareceres emitidos pelos comitês são terminativos, mas se o pesquisador não concordar com a decisão, poderá recorrer ao Comitê Central de Ética em Pesquisa.

O SISTEMA BRASILEIRO

O sistema de revisão ética brasileiro é conhecido como Sistema CEP/Conep – Comitês de Ética em Pesquisa e Comissão Nacional de Ética em Pesquisa. O processo brasileiro teve início em finais dos anos 1980 e a regulamentação que instituiu o sistema, a Resolução CNS 196, data de 1996. O Brasil inspira-se, em larga medida, no modelo de gestão regulatória, mas apresenta características que o tornam singular no cenário internacional. É o único país cujo sistema de revisão ética está subordinado ao controle social, pois fica no Conselho Nacional de Saúde (CNS), a sede da Conep. Não há lei específica para regular o funcionamento e atuação da Conep, o que pode ser considerado uma fortaleza ou uma fragilidade do sistema. A Resolução CNS 196/1996 presume que qualquer pesquisa com seres humanos, de todas as áreas do conhecimento, deve ser avaliada pelo Sistema CEP/Conep antes da fase de coleta de dados.

ANTECEDENTES

A primeira regulamentação brasileira sobre pesquisas envolvendo seres humanos é de 1988, a Resolução CNS 01/1988.[30] Para elaborá-la, o CNS baseou-se em documentos e diretrizes internacionais divulgados até aquele momento, bem como em algumas regulamentações de outros países, em particular os Estados Unidos. O texto da Resolução CNS 01/1988 definia os aspectos éticos que deveriam nortear a prática de pesquisa científica no Brasil. Como em muitas das regulamentações da época, o alvo eram as pesquisas biomédicas, especialmente os estudos sobre medicamentos, vacinas e procedimentos terapêuticos. A novidade do documento foi recomendar a criação de um sistema de revisão ética no país, estruturado em comitês de ética e comitês de segurança biológica nas instituições de saúde e de pesquisa.[28]

Apesar de seu caráter pioneiro na América Latina, a Resolução CNS 01/1988 não ganhou força e houve pouca adesão aos seus pressupostos éticos. Assim, em 1995 formou-se um grupo de trabalho multiprofissional cuja tarefa era revisar o documento e propor uma nova resolução capaz de instituir um marco ético para as pesquisas científicas no país.[29] Em um ano, o grupo promoveu uma extensa consulta à comunidade científica nacional, organizou audiências públicas e elaborou a Resolução CNS 196/1996, conhecida como Diretrizes e Normas Regulamentadoras de Pesquisas Envolvendo Seres Humanos.[30]

A RESOLUÇÃO CNS 196/96

A Resolução CNS 196/1996 é um divisor de águas na ética em pesquisa no Brasil. Ela se fundamentou na teoria dos quatro princípios, que, por sua vez, foi o marco ético do modelo regulatório estadunidense. O texto brasileiro incorporou também princípios que estavam na pauta de reflexões internacionais nos anos 1990, em particular devido aos desafios éticos impostos pela epidemia do HIV/Aids, tais como confidencialidade, privacidade e equidade. A resolução tem como foco a proteção ao participante, muito embora reconheça que diferentes atores estão envolvidos na promoção da ética em pesquisa, tais como cientistas, pesquisadores, patrocinadores e o Estado.[31]

A enunciação de princípios éticos na Resolução CNS 196/1996 tem dois grandes objetivos. De um lado, assenta o debate sobre ética em pesquisa em valores compartilhados pela cultura dos direitos humanos. De outro, permite a aplicação desses valores na prática da pesquisa científica. O princípio da autonomia, por exemplo, está fortemente presente na exigência do termo de consentimento livre e esclarecido (TCLE) para a condução de estudos com seres humanos, um documento que desde o Código de Nurembergue faz parte das discussões sobre ética em pesquisa. O TCLE é fundamental para a implementação da Resolução CNS 196/1996 no cotidiano da pesquisa científica brasileira.

Muitos países adotaram a terminologia *consentimento informado*, ao passo que no Brasil a expressão corrente é *consentimento livre e esclarecido*. Essa diferença não deve ser entendida como um exercício linguístico da Resolução CNS 196/1996, mas como um sinal do verdadeiro significado do pacto de consentimento que um indivíduo assina ao ser incluído em uma pesquisa. O objetivo do TCLE é informar e proteger o participante; por isso, deve ser redigido em linguagem simples e acessível ao seu universo simbólico, educacional e cultural. É também no TCLE que outros princípios éticos são expressos, tais como a promessa de sigilo e as regras de privacidade ou confidencialidade dos dados.[30, 32]

Uma característica importante do modelo brasileiro é que o envolvimento em uma pesquisa científica deve ser sempre um ato voluntário e altruístico. A Resolução CNS 196/1996 não autoriza o pagamento pela participação; por isso, não há a profissão "participante de pesquisa" no Brasil. Pode-se prever o ressarcimento por eventuais gastos decorrentes da participação, mas ressarcimento não se confunde com pagamento.[33] O objetivo dessa regra é impedir que ocorram induções indevidas, em especial dado o cenário de desigualdade social e econômica no país.

Outros dois princípios éticos perpassam a Resolução CNS 196/1996: a beneficência e a não-maleficência, traduzidas na regra de avaliação do balanço entre riscos e benefícios. Ao revisar um projeto, um comitê de ética avalia a pergunta sobre os riscos e benefícios da inclusão de participantes. Isso significa considerar seriamente vantagens e riscos que o indivíduo terá ao ser envolvido na pesquisa. Muitos estudos pressupõem danos potenciais à saúde. Nesse sentido, a revisão de um comitê não deve consistir em aceitar apenas projetos de pesquisa sem riscos ao participante, mas sim em avaliar como os riscos são informados, como são minimizados e mesmo se são à população envolvida e ou necessários à promoção do conhecimento.[34, 35]

O princípio da justiça, também entendido como equidade, é o que mais vem sendo discutido na atualidade, em particular no contexto das pesquisas internacionais entre países pobres e ricos. Analisar as implicações de justiça em um projeto de pesquisa pode ser uma tarefa complexa e árdua para os membros de um comitê, mas há alguns passos que facilitam esse exercício. É preciso considerar quem foi incluído no estudo, isto é, se há equidade na seleção dos participantes e na distribuição dos riscos e benefícios entre eles. Além disso, para ser considerada justa, uma pesquisa deve ter relevância social, especialmente para as pessoas nela envolvidas. Por fim, é necessário que o estudo informe como os resultados serão devolvidos aos participantes, seja na forma de garantia de tratamentos ou novos medicamentos descobertos, seja na de informações do interesse individual ou coletivo.[36]

No entanto, assumir o princípio da justiça como um eixo norteador da avaliação ética de projetos de pesquisa é também reconhecer o desafio da proteção às pessoas e grupos vulneráveis. A vulnerabilidade é um conceito central ao debate sobre ética em pesquisa no Brasil, pois pressupõe que questões relacionadas à desigualdade social serão seriamente discutidas na revisão dos protocolos. A centralidade da proteção à vulnerabilidade está expressa em alguns dos cuidados éticos necessários à formulação do TCLE: 1) a linguagem deve ser a do participante e não a da comunidade científica; 2) a obtenção do TCLE deve garantir a informação e a liberdade de escolha do indivíduo; 3) o processo de obtenção do TCLE não pode impor restrições ou induções; 4) a estratégia de recrutamento dos participantes deve ser clara e não se valer de situações de subordinação ou restrição da liberdade de escolha; 5) o TCLE deve ser transparente sobre privacidade, sigilo ou confidencialidade na divulgação e uso dos dados; 6) o estudo deve antecipar mecanismos de indenização por danos.[30, 32]

A Resolução CNS 196/1996 foi uma das primeiras peças de tradução da bioética na estrutura regulatória brasileira. Depois de sua edição, resoluções complementares sobre temas específicos foram divulgadas. Nessas áreas, o procedimento de revisão ética é realizado em dois momentos: uma primeira avaliação no CEP local e uma segunda avaliação na Conep:

- Resolução CNS 240/1997 – define a representação de usuários nos comitês de ética e orienta a sua escolha. O termo usuário é empregado de maneira ampla e se refere ao membro leigo que fará parte de um CEP ou da Conep. São pessoas capazes de expressar os pontos de vista e interesses de indivíduos ou grupos os quais representam. Podem ser indicados pelos pares, por instituições ou pelo Conselho Municipal de Saúde.

- Resolução CNS 251/1997 – refere-se ao estudo de novos fármacos, vacinas e testes diagnósticos e delega aos comitês de ética a revisão final dos projetos nessa área, que deixa de ser especial. Os ensaios tratados por essa resolução são de fases I, II e III e, no caso de produtos não registrados no Brasil, também de fase IV, incluindo-se estudos de biodisponibilidade e bioequivalência.

- Resolução CNS 292/1999 – institui normas específicas para a aprovação de protocolos de pesquisa com cooperação estrangeira. Fazem parte desse grupo pesquisas que tenham as seguintes modalidades de cooperação: estudos multicêntricos internacionais, colaboração de pessoas físicas ou jurídicas estrangeiras, públicas ou privadas, e envio ou recebimento de materiais biológicos ou de informações coletadas serem incluídas nos resultados.

- Resolução CNS 303/2000 – refere-se aos estudos na área de reprodução humana. Consideram-se pesquisas nesse campo aquelas que envolvem intervenção na reprodução humana, anticoncepção, manipulação de gametas, pré-embriões, embriões e feto, bem como estudos realizados na área de medicina fetal quando não houver tratamento consolidado comprovado.

- Resolução CNS 304/2000 – trata das pesquisas em povos indígenas. Estão incluídos nesse grupo povos que possuem organização e identidade próprias e que necessitam de proteção adicional por sua condição de tutelados do Estado. Eles devem ter seu direito de participação reconhecido nas decisões que afetam sua vida e saúde. Cuidado especial deve ser dirigido a populações isoladas, à utilização de conhecimento tradicional e patenteamento de produtos e à formação de banco de dados biológicos dessas comunidades.

- Resolução CNS 340/2004 – estabelece diretrizes para a revisão ética e tramitação dos projetos na área de genética humana. A pesquisa genética envolve a produção de dados genéticos ou proteômicos de seres humanos e apresenta as seguintes modalidades: mecanismos genéticos, genética clínica, genética de populações, pesquisas moleculares, terapia gênica e celular e genética do comportamento. São considerados pesquisas nesse campo todos os procedimentos que não estão consagrados na literatura científica.

- Resolução CNS 346/2005 – aborda os projetos multicêntricos, que são aqueles delineados por um núcleo coordenador para serem conduzidos em diferentes localidades e centros de pesquisa. O protocolo é único para todos os lugares e deverá ser seguido pelos pesquisadores que atuam nos centros anfitriões.

- Resolução CNS 347/2005 – determina diretrizes para a revisão ética de projetos que envolvam armazenamento de materiais ou uso de materiais armazenados em pesquisas anteriores. Nesses casos, será necessário apresentar justificativa para o armazenamento, solicitar o consentimento dos participantes por meio de cláusula incluída no TCLE, oferecer declaração de que a nova pesquisa será avaliada por um comitê e indicar qual será a instituição responsável pela guarda do material.

- Resolução CNS 370/2007 – trata do registro e credenciamento do CEP ou da renovação destes junto à Conep. Tem como objetivo garantir a proteção dos participantes por meio de comitês capacitados para realizar a revisão ética das pesquisas.[37]

Além das resoluções elaboradas pelo CNS, dois outros marcos – um legal e um regulatório – merecem atenção por sua influência direta na área de pesquisa com seres humanos:

- Lei 11.105, de 24 de março de 2005, a Lei da Biossegurança – estabelece normas de segurança e mecanismos de fiscalização de atividades que envolvam organismos geneticamente modificados e alimentos transgênicos. É o caso de ensaios clínicos com vacinas e de pesquisas com células-tronco embrionárias ou que envolvam questões relacionadas à biossegurança. A lei cria a Comissão Técnica Nacional de Biossegurança (CTNBio) e o Conselho Nacional de Biossegurança. Em seu capítulo VIII, delimita as penalidades para os pesquisadores que descumprirem as diretrizes definidas em seu texto.[38]

- Resolução Anvisa RDC 219 – regula a pesquisa clínica com medicamentos, novas terapias, procedimentos médicos e produtos para a saúde. Esses protocolos têm de ser submetidos, paralelamente à revisão ética dos comitês, à avaliação da Agência Nacional de Vigilância Sanitária (Anvisa). Aqui estão incluídas também as pesquisas com produtos que irão requerer registro ou licenciamento no país. Enquanto o Sistema CEP/Conep realiza a revisão ética dos estudos, a Anvisa analisa seu mérito científico e delineamento. Cuidado especial é direcionado à produção de medicamentos genéricos, pois a Anvisa é responsável por fazer os testes de bioequivalência e biodisponibilidade.[39]

O Sistema CEP/Conep

O Sistema CEP/Conep é um dos maiores do mundo, contando com 584 comitês de ética em pesquisa em todas as regiões do país.[40] São comitês situados em universidades, faculdades, centros de pesquisa e ensino, além de hospitais e clínicas de saúde. A maioria está vinculada a instituições de ensino e pesquisa ou a hospitais de ensino (85%).[41] Além dos comitês, há a Conep, cujo papel é normativo e de avaliação de projetos de pesquisa relacionados às áreas temáticas específicas acima descritas, tais como: estudos com cooperação estrangeira, projetos multicêntricos, reprodução humana, populações indígenas, genética, armazenamento de material biológico e biossegurança.

Os comitês de ética em pesquisa são instâncias locais de revisão, criadas pela instituição que as abriga e que, posteriormente, envia a solicitação de seu credenciamento à Conep. Cada comitê possui o número mínimo de sete membros, com composição disciplinar variada, devendo haver paridade de gênero e pelo menos um representante da comunidade. A exigência de pelo menos um representante da sociedade civil e de formação multidisciplinar dos membros é um ponto que merece destaque na Resolução CNS 196/1996, pois constitui o registro de que a pesquisa científica é algo do interesse social e não apenas um objeto de negociação e acordo entre pares acadêmicos.

No Brasil, o trabalho em um comitê de ética em pesquisa é uma atividade voluntária e não remunerada. A indicação dos membros segue os critérios de cada instituição, mas em geral são convidados a participar indivíduos com experiência em pesquisa ou ética. Um critério fundamental refere-se à garantia de que não haja conflitos de interesses entre os avaliadores e os pesquisadores. O objetivo é assegurar que os membros dos comitês atuem de maneira íntegra na revisão dos projeto de pesquisa, assumindo o compromisso de proteção dos participantes e de promoção do conhecimento com responsabilidade social.

Um projeto deve ser, primeiramente, apresentado a um comitê de ética em pesquisa, que em geral é vinculado à instituição a que pertence o pesquisador. Não há exigência de que somente o comitê da instituição do pesquisador revise o seu projeto, podendo qualquer comitê do Sistema CEP/Conep fazê-lo. A tarefa do comitê é avaliar as implicações éticas do projeto de pesquisa, em particular para as pessoas envolvidas na fase de coleta de dados. No caso de áreas temáticas especiais, o projeto deve ser avaliado também pela Conep.

A Conep é formada por 13 membros titulares e seus respectivos suplentes, de composição disciplinar variada. Eles são provenientes de diferentes campos relacionados ao tema da bioética e da ética em pesquisa, pelo menos um deles pertence à área de gestão da saúde e há pelo menos um representante da sociedade civil. A forma de escolha pode ser o sorteio ou a indicação entre nomes enviados pelos comitês de ética em pesquisa ou indicados pelo CNS, que homologa a nova composição da comissão.

A Conep é uma instância colegiada e independente, que assume função consultiva, deliberativa, normativa e educativa. É responsável por delinear o arcabouço normativo e as diretrizes de funcionamento do sistema de revisão ética brasileiro, agindo conjuntamente com os comitês de ética. A comissão atua ainda como instância recursal dos comitês em caso de litígio ou de reclamação feita por pesquisadores e participantes de estudos. Por fim, fornece assessoria ao Ministério da Saúde, ao CNS, ao Sistema Único de Saúde, bem como ao governo e à sociedade, sobre questões relativas à pesquisa em seres humanos.[2, 32, 33]

Para auxiliar a condução e sistematização das atividades, foi criado o Sistema Nacional de Informação sobre Ética em Pesquisa Envolvendo Seres Humanos (Sisnep), ainda em fase de revisão e consolidação. É um sistema centralizado de registro dos projetos de pesquisa submetidos a todos os comitês de ética do país. Esse registro nacional facilitará a referência futura dos projetos para publicações ou relatórios de pesquisas. Quando consolidado, o Sisnep garantirá agilidade e eficiência ao Sistema CEP/Conep.[42]

A REVISÃO ÉTICA

O processo de revisão ética é iniciado quando o pesquisador apresenta o projeto de pesquisa ao comitê de ética. O caminho que o projeto percorrerá vai depender do grupo ao qual ele pertence. De acordo com a Conep, os protocolos de pesquisa estão classificados em Grupos I, II e III. No Grupo I, incluem-se aqueles pertencentes às áreas temáticas especiais: genética humana; reprodução humana; novos equipamentos, insumos e dispositivos; novos procedimentos; populações indígenas; biossegurança; pesquisas com cooperação estrangeira; e projetos recomendados pelo colegiado do comitê ou a critério da Conep. No Grupo II, enquadram-se os projetos de áreas temáticas específicas, tais como novos fármacos, vacinas e testes diagnósticos, que não se encaixem no Grupo I. No Grupo III, estão os projetos não previstos nos outros grupos.[43]

Os documentos exigidos para a apresentação inicial dos projetos são os seguintes:

1) Número de registro do projeto na Conep;

2) Folha de rosto com informações relativas ao projeto, ao pesquisador principal, ao patrocinador (quando for o caso) e à instituição responsável pela condução da pesquisa;

3) Projeto de pesquisa apresentado em língua portuguesa, contendo: proposta de estudo e justificativa, descrição detalhada do delineamento da pesquisa, processo de análise dos dados, avaliação dos riscos e benefícios, responsabilidade do pesquisador, do patrocinador e da instituição, duração e critérios para encerrar a pesquisa e aceitação do local onde será realizada a investigação;

4) Cronograma: etapas a serem cumpridas;

5) Orçamento detalhado e remuneração do pesquisador (se for o caso);

6) Informações sobre os participantes: número de participantes, critérios de inclusão e exclusão, processo

de recrutamento, características da população e justificativa em caso de inclusão de grupos vulneráveis;

7) Termo de consentimento livre e esclarecido: linguagem clara e concisa, descrição de possíveis riscos e benefícios, medidas adotadas para a proteção contra riscos e para a manutenção da confidencialidade, previsão de ressarcimento de gastos e processo de obtenção;

8) Currículo do pesquisador principal e da equipe de pesquisa.

Para pesquisas multicêntricas e internacionais, é necessária a apresentação de documentos adicionais:

1) Pesquisas com cooperação estrangeira: compromissos e benefícios para os participantes e para o país, pesquisador responsável, documento de aprovação do comitê de ética no país de origem e lista de centros participantes no exterior.

2) Pesquisas com novos fármacos, vacinas e testes diagnósticos: informações relacionadas às etapas anteriores do estudo e dados pré-clínicos, brochura do investigador, registro da substância no país de origem, justificativa para o uso de placebo ou *wash out**, acesso

---

* O termo *wash out* representa o período de repouso farmacológico para garantir a eliminação completa do princípio ativo do medicamento anteriormente administrado. Esse período pode ser de até três semanas e é justificado metodologicamente como forma de garantir que a pesquisa esteja livre de vieses pela eliminação da inter-

ao medicamento se comprovada a sua superioridade e formas de recrutamento dos participantes.[44]

O comitê de ética deve, em trinta dias, receber o projeto, revisá-lo e emitir parecer. Se houver algum tipo de pendência ou for necessária a inclusão de documentos adicionais, esse período poderá se estender. No entanto, se o pesquisador não apresentar o que foi solicitado em sessenta dias, o processo será arquivado. Os tipos de pareceres emitidos pelo comitê podem ser:

1) aprovado;

2) com pendências: quando o protocolo é aceitável quanto ao mérito, mas precisa ser mais bem trabalhado no que se refere aos requisitos éticos;

3) retirado: quando as pendências não são atendidas pelo pesquisador no prazo estipulado;

4) não aprovado;

5) aprovado e encaminhado à Conep, no caso de grupos especiais.[30]

Após o encaminhamento do projeto à Conep, a comissão terá o prazo de sessenta dias para emitir o primeiro parecer, que pode declarar: aprovado, aprovado com pendência e não aprovado. Depois da aprovação da Conep, o projeto e o parecer são devolvidos ao comitê de ética, que se responsabiliza pelo acompanhamento e supervisão da pesquisa.[30] No caso de projetos multicên-

---

ferência que um medicamento pode causar sobre o novo princípio ativo que será testado.

tricos, apenas o protocolo do primeiro centro será encaminhado à Conep, que se encarregará de enviar cópia aos demais centros onde o estudo será realizado.[43]

AVANÇOS E DESAFIOS

O campo da ética em pesquisa se consolidou no Brasil com a Resolução CNS196/1996. Um dos desdobramentos desse processo foi a ampla difusão da bioética em diferentes esferas da pesquisa, do ensino e da atenção à saúde. Uma estimativa do número de pessoas envolvidas no Sistema CEP/Conep mostra sua amplitude e complexidade:

- 6.000 membros: média de 10 membros para cada um dos 584 comitês de ética em pesquisa locais;[40]
- 680.000 participantes: 17.000 pesquisas avaliadas pelo Sistema CEP/Conep, com uma média de 40 participantes cada;[45]
- 50.000 pesquisadores: média de três por pesquisa.

No entanto, persistem alguns desafios relacionados aos seguintes aspectos:

1. Escolha e capacitação dos membros indicados para compor os comitês: esses processos podem levar a um viés na revisão dos protocolos de pesquisa submetidos à avaliação;
2. Independência dos comitês: esse é um dos requisitos mais difíceis de serem cumpridos, pois como o comitê depende da instituição que o abriga e podem emergir conflitos de interesses, principalmente de ordem econômica;

3. Processo de monitoramento e acompanhamento ético das pesquisas em andamento: isso é realizado, na maioria das vezes, por meio de relatórios parciais e finais. No entanto, não existe garantia de que o projeto implementado é realmente aquele que foi aprovado e tampouco averiguar se o processo de obtenção do consentimento está cumprindo os requisitos indicados no protocolo.

De qualquer forma, o número de pesquisas avaliadas anualmente demonstra a legitimidade do sistema. Além disso, aponta para a disposição crescente dos pesquisadores em enviar seus projetos para revisão e cumprir os requisitos estabelecidos para promover uma cultura de direitos humanos, que qualifica o sistema a desenvolver suas atividades e contribuir para o controle social das práticas de pesquisa.

Referências bibliográficas

1. WORLD MEDICAL ASSOCIATION. *Declaration of Helsinki*. Tokyo: WMA, 1975.

2. INTERNATIONAL CONFERENCE on Harmonization of Technical Requirements for Registration of Pharmaceuticals for Human Use (ICH). Harmonized tripartite guideline – guideline for good clinical practice – ICH/GCP Guideline [homepage na internet]. Geneva: ICH, 1996. [Acesso em 29 abr. 2008.] Disponível em: http://www.ich.org/cache/compo/276-254-1.html.

3. ORGANIZAÇÃO PAN-AMERICANA DE SAÚDE (OPAS). Rede Pan-Americana para a Harmonização da Regulamentação Farmacêutica (Rede PANDRH). Resolución OPS/OMS Armonización de Reglamentación Farmacéutica en las Américas [home-

page na internet]. Washington: OPS, 2005. [Acesso em 29 abr. 2008.] Disponível em: http://www.paho.org/spanish/ad/ths/ev/RedParf-home.htm.

4. GUILHEM, D. Pesquisas biomédicas multinacionales: ¿es posible mantener un unico estándar desde el escenario de un país en desarrollo? Perspect Bioéticas 2003, 8(15): 44-66.

5. GUILHEM, D., ZICKER, F. Introdução. In: GUILHEM, D., ZICKER, F. (eds.). *Ética na pesquisa em saúde: avanços e desafios*. Brasília: LetrasLivres/Editora UnB, 2007. p. 13-28.

6. HIRTLE, M., LEMMENS, T., SPRUMONT, D. A comparative analysis of research ethics review mechanisms and the ICH good clinical practice guideline. Eur J Health Law 2000, 7(3): 265-92.

7. FREITAS, C. B. D. *O sistema de avaliação da ética em pesquisa no Brasil: estudo dos conhecimentos e práticas de lideranças de comitês de ética em pesquisa* [tese]. São Paulo: Universidade de São Paulo/Faculdade de Medicina, 2006.

8. UNITED STATES OF AMERICA. NATIONAL INSTITUTES OF HEALTH. Regulations, policies & guidance [homepage na internet]. [Atualizada em 7 dez. 2005, acesso em 4 mai. 2008.] Disponível em: http://grants.nih.gov/grants/policy/hs/hs_policies.htm.

9. UNITED STATES OF AMERICA. DEPARTMENT OF HEALTH & HUMAN SERVICES. Policies & regulations [homepage na internet]. Washington: Department of Health & Human Services. [Acesso em 4 mai. 2008.] Disponível em: http://www.hhs.gov/policies/index.html.

10. UNITED STATES OF AMERICA. FOOD AND DRUG ADMINISTRATION. INFORMATION SHEET GUIDANCES. Guidance for institutional review boards, clinical investigators, and sponsors [homepage na internet]. [Acesso em 4 mai. 2008.] Disponível em: http://www.fda.gov/oc/ohrt/irbs/default.htm.

11. UNITED STATES OF AMERICA. DEPARTMENT OF HEALTH & HUMAN SERVICES. Office for Human Research

Protections (OHRP) [homepage na internet]. Washington: Department of Health & Human Services. [Acesso em 4 mai. 2008.] Disponível em: http://www.hhs.gov/ohrp/.

12. UNITED STATES OF AMERICA. DEPARTMENT OF HEALTH & HUMAN SERVICES. Office for Human Research Protections (OHRP). Code of federal regulations. Title 45 – public welfare, part 46 – protection of human subjects [homepage na internet]. Washington: HHP/OHRP, 2005. [Acesso em 4 mai. 2008.] Disponível em: http://www.hhs.gov/ohrp/documents/OHRPRegulations.pdf.

13. CANADA. CANADIAN INSTITUTES OF HEALTH RESEARCH. Natural Sciences and Engineering Research Council of Canada (NSERC). Social Sciences and Humanity Research. Tri-council policy statement – ethical guidelines for research involving humans. Ottawa: Interagency Secretariat on Research Ethics, 2005.

14. CANADA. CANADIAN INSTITUTES OF HEALTH RESEARCH (CIHR). Ethics [homepage na internet]. [Atualizada em 8 fev. 2008; acesso em 4 mai. 2008.] Disponível em: http://www.cihr-irsc.gc.ca/e/2891.html.

15. CANADA. NATURAL SCIENCES AND ENGINEERING RESEARCH COUNCIL OF CANADA (NSERC) [homepage na internet]. [Atualizada em 11 dez. 2007, acesso em 4 mai. 2008.] Disponível em: http://www.nserc.gc.ca/sitemap_e.htm#3.

16. CANADA. SOCIAL SCIENCES AND HUMANITIES RESEARCH COUNCIL OF CANADA (SSHRC) [homepage na internet]. [Acesso em 4 mai. 2008.] Disponível em: http://www.sshrc.ca/web/home_e.asp.

17. EMANUEL, E. J., LEMMENS, T., ELLIOT, C. Should society allow research ethics boards to be run as for-profit enterprises? Plos Med [periódico na internet]. 2006 July [acesso em 4 mai. 2008], 3(7): 941-4. Disponível em: http://medicine.plosjournals.org/archive/1549-1676/3/7/pdf/10.1371_journal.pmed.0030309-L.pdf.

18. WEIJAR. C. Continuing review of research approved by Canadian research ethics boards. CMAJ 2001, 164(9): 1305-6.

19. MCDONALD. M. Canadian governance of health research involving human subjects: is anybody minding the store? Health Law J 2001, 9: 1-21.

20. CANADA. NATIONAL COUNCIL ON ETHICS IN HUMAN RESEARCH [homepage na internet]. Ottawa: National Council on Ethics in Human Research, 2004 [acesso em 8 jun. 2008]. Disponível em: http://www.ncehr-cnerh.org/english/home.php.

21. CANADA. CANADIAN ASSOCIATION OF RESEARCH ETHICS BOARDS [homepage na internet]. [Acesso em 8 jun. 2008.] Disponível em: http://www.careb-accer.ca/?q=node/5.

22. PRIVIREAL. Privacy in Research Ethics & Law. Denmark – RECs and medical research [homepage na internet] – 2005. [Atualizada em 30 jun. 2005, acesso em 5 mai. 2008.] Disponível em: http://www.privireal.org/content/rec/denmark.php.

23. DENMARK. Ministry of Research & Information Technology. Central Scientific Committee. Act on the biomedical research ethics committee system [homepage na internet]. Denmark: MR&IT; 2003. [Acesso em 5 mai. 2008.] Disponível em: http://www.cvk.im.dk/cvk/site.aspx?p=150.

24. HOLM, S. Os comitês de ética na Dinamarca. Bioética [periódico na internet] – 1998 [acesso em 5 mai. 2008], 6(2). Disponível em: http://www.portalmedico.org.br/revista/ind2v6.htm.

25. HOLM, S. The Danish research ethics committee system, overview and critical assessment (research involving human participants V2) [homepage na internet]. Washington: The National Academy of Engineering, Online Ethics Center, 2006. [Acesso em 5 mai. 2008.] Disponível em: http://www.onlineethics.diamax.com/cms/8082.aspx.

26. DENMARK. Danish Agency for Science, Technology and Innovation. The Danish Committees on Scientific Dishonesty. Annual report 2006 [homepage na internet]. Denmark: 2007. [Acesso em 5 mai. 2008.] Disponível em: http://fi.dk/site/english/publications/publications-2007/annual-report-2006-the-danish-committees-on-scientific-disho/FIST_GB_www.pdf.

27. RIIS, P. O comitê dinamarquês sobre desonestidade científica. Bioética [periódico na internet] – 1998 [acesso em 5 mai. 2008], 6(2). Disponível em: http://www.portalmedico.org.br/revista/ind2v6.htm.

28. BRASIL. MINISTÉRIO DA SAÚDE. Conselho Nacional de Saúde. Resolução nº 01/1988: normas de pesquisa em saúde [homepage na internet]. [Acesso em 22 jan. 2008.] Disponível em: http://conselho.saude.gov.br/resolucoes/1988/Reso01.doc.

29. BRASIL. MINISTÉRIO DA SAÚDE. Conselho Nacional de Saúde. Resolução nº 170/1995: normas de pesquisa em saúde [homepage na internet]. [Acesso em 29 abr. 2008.] Disponível em: http://conselho.saude.gov.br/resolucoes/1988/Reso01.doc.

30. BRASIL. MINISTÉRIO DA SAÚDE. Conselho Nacional de Saúde. Resolução nº 196/1996: diretrizes e normas regulamentadoras de pesquisas envolvendo seres humanos. Brasília: Ministério da Saúde, 1996.

31. GUILHEM, D., DINIZ, D. A ética na pesquisa no Brasil. In: DINIZ, D., GUILHEM, D., SCHÜKLENK, U. (eds.). *Ética na pesquisa: experiência de treinamento em países sul-africanos*. Brasília: LetrasLivres/Editora UnB, 2005. p. 11-28.

32. ANDANDA, P. Consentimento livre e esclarecido. In: DINIZ, D., GUILHEM, D., SCHÜKLENK, U. (eds.). *Ética na pesquisa: experiência de treinamento em países sul-africanos*. Brasília: LetrasLivres/ Editora UnB, 2005. p. 47-67.

33. DINIZ, D. Cobaias humana, *Jornal de Brasília*, Brasília, 9 out. 2006; Caderno Aliás.

34. VAN NESS, P. The concept of risk in biomedical research involving human subjects. Bioethics 2001, 15(4): 364-70.

35. FREITAS, C. B. D., HOSSNE, W. S. O papel dos comitês de ética em pesquisa na proteção do ser humano. Bioética [periódico na internet] – 2002 [acesso em 30 abr. 2008], 10(2): 129-46. Disponível em: http://www.portalmedico.org.br/revista/bio10v2.htm.

36. COSTA, S. I. F. Ética em pesquisa e bioética. In: GUILHEM, D., DINIZ, D., ZICKER, F. (eds.). *Pelas lentes do cinema: bioética e ética em pesquisa*. Brasília: LetrasLivres/Editora UnB, 2007. p. 91-108.

37. BRASIL. MINISTÉRIO DA SAÚDE. Conselho Nacional de Saúde. Conep – Resoluções [homepage na internet]. [Acesso em 29 abr. 2008.] Disponível em: http://conselho.saude.gov.br/Web_comissoes/conep/aquivos/resolucoes/resolucoes.htm.

38. BRASIL. PRESIDÊNCIA DA REPÚBLICA. CASA CIVIL. Lei n. 11.105, de 24 de março de 2005 [homepage na internet]. Brasília: PR, 2005. [Acesso em 30 abr. 2008.] Disponível em: http://www.planalto.gov.br/ccivil_03/_Ato2004-2006/2005/Lei/L11105.htm.

39. BRASIL. MINISTÉRIO DA SAÚDE. Agência Nacional de Vigilância Sanitária. Resolução RDC n. 219, de 20 de setembro de 2004 [homepage na internet]. Brasília: Anvisa; 2004. [Acesso em 30 abr. 2008.] Disponível em: http://e-legis.anvisa.gov.br/leisref/public/showAct.php?id=17042&word=.

40. BRASIL. MINISTÉRIO DA SAÚDE. Conselho Nacional de Saúde. Comissão Nacional de Ética em Pesquisa. Gráfico do Sistema Cep/Conep. Brasília: Conselho Nacional de Saúde, fev. 2008.

41. BRASIL. MINISTÉRIO DA SAÚDE. Conselho Nacional de Saúde. Comissão Nacional de Ética em Pesquisa. Gráfico do relatório de 9 anos [homepage na internet]. Brasília: Conselho Nacional de Saúde; 2007. [Acesso em 1 mai. 2008.] Disponível em: http://conselho.saude.gov.br/Web_comissoes/conep/index.html.

42. BRASIL. MINISTÉRIO DA SAÚDE. Conselho Nacional de Saúde. Sistema nacional de informação sobre ética em pesqui-

sa envolvendo seres humanos (Sisnep) [homepage na internet]. [Acesso em 1 mai. 2008.] Disponível em: http://portal.saude.gov.br/sisnep/pesquisador/.

43. BRASIL. MINISTÉRIO DA SAÚDE. Conselho Nacional de Saúde. *Manual operacional para comitês de ética em pesquisa*. Brasília: CNS, 2007.

44. BRASIL. MINISTÉRIO DA SAÚDE. Conselho Nacional de Saúde. Conep. Lista de documentos para apresentação de projetos de pesquisa [homepage na internet]. Brasília: Conselho Nacional de Saúde, 2007. [Acesso em 7 mai. 2008.] Disponível em: http://conselho.saude.gov.br/Web_comissoes/conep/aquivos/documentos/docanalise.html

45. FREITAS CB, LOBO M, HOSSNE WS. Sistema CEPs – CONEP – 9 anos (1996 a 2005). Brasília: Conselho Nacional de Saúde, 2006. [Acesso em 25 abr. 2006.] Disponível em: http://conselho.saude.gov.br/comissao/conep/relatorio.doc.

ÉTICA EM PESQUISA: TEMAS GLOBAIS

O processo de globalização das pesquisas em saúde fez crescer o número de estudos multicêntricos internacionais financiados por países desenvolvidos e realizados em países em desenvolvimento. Essas investigações têm como principal objetivo produzir conhecimentos e criar produtos, entre os quais estão incluídos os novos medicamentos. As relações sociais desiguais entre os países e os interesses econômicos envolvidos chamaram a atenção para o tema da ética em pesquisa multicêntrica. Foi nesse novo contexto que os documentos de proteção da ética em pesquisa e de defesa dos direitos dos participantes ganharam força em âmbito internacional.

PESQUISA CLÍNICA

Os cuidados médicos exigem que os profissionais de saúde saibam qual a *melhor alternativa disponível* de tratamento para cada caso.¹ A indicação de um medicamento ou uma intervenção cirúrgica são fruto de um longo aprendizado e de pesquisas científicas. Grande parte das práticas terapêuticas adotadas em hospitais e consultórios resulta de pesquisas com animais humanos e não-humanos para comprovar sua eficácia e segurança.² Em casos de doenças que já têm tratamento disponível, outros estudos são conduzidos para conhecer o efeito de uma nova terapêutica, comparando-a ao tratamento consolidado. Em situações específicas, essa comparação poderá ser realizada por meio da utilização de placebo.³

A pesquisa clínica tem por objetivo gerar novos conhecimentos para diferentes condições de saúde e doença*. A realização desse tipo de pesquisa é a forma mais confiável de produzir evidências científicas e comprovar a eficácia de intervenções profiláticas ou terapêuticas, tais como fármacos, cirurgias ou produtos para a saúde. A principal técnica de pesquisa clínica é o ensaio clínico randomizado: se o objeto estudado for um medicamento, por exemplo, este será distribuído

---

* A pesquisa clínica compreende estudos relacionados a medicamentos e novos fármacos, vacinas, testes diagnósticos, produtos para a saúde, procedimentos clínicos e cirúrgicos em diferentes áreas e profissões da saúde, para que seja encontrada a *melhor alternativa disponível* de tratamento para cada caso. As pesquisas com medicamentos serão utilizadas como exemplo para descrever as diferentes fases de uma pesquisa clínica e compreender as questões éticas envolvidas nesse processo.

aleatoriamente, definindo a inclusão de um participante no grupo que receberá a droga ou no grupo-controle.[4] Muito embora os testes de novos medicamentos sejam inicialmente conduzidos com animais não-humanos, é inevitável a pesquisa com humanos. Por isso, a pesquisa clínica deve obedecer a critérios éticos, científicos e metodológicos rigorosos.[5]

A metodologia atualmente adotada para a pesquisa clínica foi desenvolvida no século XX. O desenho dos estudos deve definir aspectos metodológicos fundamentais para uma revisão ética: a pergunta de pesquisa, os objetivos, a randomização da amostra, o uso de grupos-controle, os critérios de inclusão e exclusão, a definição de esquemas terapêuticos, a utilização de análise estatística dos dados e a objetividade na avaliação e mensuração das evidências produzidas pelo estudo, ou seja, a constatação de se os objetivos foram alcançados.[1, 2, 6-8] A pesquisa clínica se organiza em quatro fases (I, II, III e IV), uma maneira de melhor controlar as situações de risco nela envolvidas.[7]

O primeiro estudo randomizado multicêntrico e controlado por placebo foi realizado em 1948. O objetivo era avaliar a ação da estreptomicina, um novo antibiótico na época, no tratamento de um dos tipos de tuberculose pulmonar. A investigação foi coordenada pelo Comitê de Pesquisa sobre a Estreptomicina em Tuberculose, do Conselho de Pesquisas Médicas da Inglaterra, e conduzida em sete centros de pesquisa no país. Dos 107 participantes, 55 estavam no grupo de intervenção, que recebeu a estreptomicina, e os outros 52 foram incluídos no grupo-controle. Todos foram acompanhados por meio de exames clínicos, radiológicos e laboratoriais após dois, quatro e seis meses.[9]

Os resultados da pesquisa demonstraram que houve melhora significativa dos participantes incluídos no grupo que recebeu a estreptomicina, isto é, no chamado *grupo de intervenção*.[9] Esse foi um estudo considerado aceitável do ponto de vista metodológico e ético para os padrões científicos da época, uma vez que não havia tratamento consolidado para a tuberculose. Hoje em dia, um ensaio clínico com desenho semelhante não seria aprovado por um comitê de ética em pesquisa, uma vez que há tratamentos consolidados e disponíveis para a doença.

ETAPAS DA PESQUISA CLÍNICA

A pesquisa clínica está dividida em quatro fases, que se iniciam após o término da fase pré-clínica:

FASE PRÉ-CLÍNICA

Nessa fase é identificado o componente químico que poderá dar origem a um novo medicamento. Esse componente, denominado *princípio ativo*, tem primeiramente sua molécula desenhada por meio de um computador, e somente após algumas simulações se inicia o seu processo de síntese ou produção. O princípio ativo é, então, isolado, e são realizadas as primeiras pesquisas *in vitro*. Os testes químicos e biológicos ocorrem em culturas de células colocadas em tubos de ensaio.[10] No caso de os resultados se mostrarem promissores, o próximo passo são os experimentos com animais não-humanos. Geralmente se utilizam duas espécies de animais, uma de roedores e outra de não-roedores. No campo da ética em pesquisa, atenção especial deve ser direcionada à proteção dos animais, em particular em relação ao controle da dor e do sofrimento.[11, 12] Se as pesquisas *in vivo* demonstrarem evidências de biossegurança do componente, poderão começar os estudos com pessoas, após a autorização das agências de vigilância sanitária.

Fase I

É nessa fase que se iniciam os testes em pessoas. Geralmente se recruta um número reduzido de participantes, entre vinte e oitenta voluntários sadios. Os estudos visam avaliar a segurança e tolerabilidade do novo princípio ativo, bem como a forma de ação no corpo humano, incluindo os efeitos adversos. Em um período de seis a nove meses, os investigadores documentam os resultados para analisar se as evidências produzidas justificam a continuidade da pesquisa. O principal desafio ético dessa fase é que os experimentos não têm o objetivo de tratar as doenças e, portanto, não oferecem benefícios às pessoas envolvidas. O termo de consentimento livre e esclarecido deve ser claro ao informar sobre os possíveis riscos de desconfortos relativos à participação. São as informações geradas por essa fase que irão fundamentar a passagem para a Fase II.[2]

FASE II

Os experimentos nessa fase têm como objetivo obter dados de eficácia da nova droga, mas continuam a ser coletadas informações sobre sua segurança e tolerabilidade. O período de realização do estudo pode ser de até três anos.[13] O número de participantes aumenta consideravelmente, podendo variar entre trezentas e mil pessoas com a condição médica para a qual o novo fármaco é testado. Os participantes são separados de forma aleatória. Parte deles é incluída no grupo de intervenção e parte é alocada no grupo-controle, que receberá um fármaco comparador ou um placebo. A comparação com um medicamento disponível ou, em casos excepcionais, com um placebo serve para verificar a eficácia da nova droga.[7, 14] Nessa fase, o desenho do estudo costuma ser duplo-cego, o que significa que nem o pesquisador nem os participantes sabem quem está recebendo a droga em teste ou o comparador. Essa estratégia é utilizada para impedir que a avaliação dos resultados seja prejudicada por expectativas dos participantes ou dos pesquisadores.

FASE III

Essa fase poderá ser iniciada somente após a análise das evidências obtidas nas etapas anteriores.[15]

Com desenhos metodológicos semelhantes aos da Fase II, o objetivo dessa fase é conseguir dados complementares sobre a eficácia e segurança do novo medicamento, o que é verificado por meio da comparação com um tratamento consolidado ou com um placebo. A quantidade de participantes é alta, entre três e quatro mil pessoas, uma vez que os resultados poderão ser extrapolados para a população em geral. Após a finalização dos estudos de Fase III, é solicitada a aprovação para comercialização do novo medicamento.

FASE IV

É a fase anterior à comercialização do novo medicamento, mas que se mantém após sua aprovação e inclusão no mercado farmacêutico. O objetivo é obter dados adicionais de segurança e eficácia em longo prazo e em maiores grupos populacionais. É feito um monitoramento dos efeitos adversos já observados nas fases anteriores. Nessa fase, são realizados estudos com número ampliado de participantes para diferentes indicações ou para sua utilização em distintas faixas etárias.

ÉTICA NA PESQUISA CLÍNICA

As pesquisas clínicas são um desafio permanente para a ética em pesquisa. A partir da Fase II, pessoas doentes são incluídas nos experimentos, o que exige maior atenção dos pesquisadores quanto à proteção e ao cuidado dos participantes. Para diminuir o longo tempo dispensado com a realização das pesquisas, equacionar os custos do processo e incluir uma maior diversidade populacional nos grupos de participantes, surgiram os *estudos multicêntricos internacionais*, também denominados *pesquisas colaborativas internacionais*.[16] Nessa modalidade, existe um centro coordenador, que é responsável por delinear e financiar o estudo, eleger a equipe de pesquisadores e definir os diversos centros onde os ensaios serão conduzidos. O mesmo protocolo de pesquisa será executado em dois ou mais centros de diferentes localidades ou países.

Regra geral, a instituição patrocinadora está localizada em países desenvolvidos, conhecidos como *países patrocinadores*. No caso das pesquisas com fármacos, o financiamento normalmente provém de indústrias farmacêuticas. Dessa forma, esses países detêm o conhecimento científico e o controle econômico, estabelecendo uma relação desigual com aqueles onde os estudos são realizados, isto é, países em desenvolvimento, também denominados *países anfitriões*.[17] Diversos aspectos da desigualdade econômica e social mundial podem ser potencializados durante a condução de uma pesquisa multicêntrica internacional. É no intuito de minimizar os riscos e proteger os direitos e interesses dos participantes que muitas diretrizes éticas internacionais estabeleceram alguns elementos como fundamentais à aprovação de um protocolo de pesquisa:[18-20]

1. Relevância social: os estudos devem contribuir para a melhoria da qualidade de vida das pessoas envolvidas nas pesquisas, ampliando o conhecimento aplicável a diferentes contextos sociais;
2. Validade científica: o desenho metodológico deve garantir a validade da pesquisa e a apropriação dos resultados pelos países envolvidos;
3. Seleção equitativa: a escolha dos participantes deve seguir objetivos definidos pela pesquisa e não atender a amostras de conveniência. Pessoas vulneráveis têm de ser protegidas e não podem ser excluídas do envolvimento na pesquisa sem razões científicas;[21-23]
4. Balanço favorável entre riscos e benefícios: as pesquisas têm que ser conduzidas de acordo com o melhor padrão de atenção à saúde disponível. Deve ser feita uma avaliação dos potenciais riscos e benefícios para os participantes;[24, 25]
5. Revisão ética do protocolo: deve ser realizada por um comitê de ética em pesquisa, de conformação colegiada, que atue de forma independente. O processo de revisão precisa atender às diretrizes éticas internacionais e nacionais.[26] Os comitês devem dar especial atenção aos conflitos de interesses entre pesquisadores e instituições e garantir a proteção dos participantes;[27-29]
6. Consentimento livre e esclarecido: é tido como uma das peças centrais à avaliação ética de um protocolo de pesquisa. Deve ser considerado um processo e não apenas um ato de apresentação de um documento escrito ou oral. O objetivo é garantir a livre e informada decisão de um indivíduo em participar de um estudo;[30-36]
7. Respeito pelos participantes: ultrapassa o instante do estabelecimento do vínculo e da assinatura do termo de consentimento. Refere-se à proteção da confidencialidade, ao acesso a informações sobre a pesquisa e ao direito de se retirar do estudo a qualquer momento;[37, 38]

8. Capacitação e fortalecimento local: a pesquisa colaborativa internacional deve contribuir para o crescimento científico local e para a consolidação do processo de revisão ética das pesquisas.

Esses oito aspectos devem ser entendidos como uma síntese de princípios éticos internacionalmente aceitos para nortear a prática científica. Os membros de comitês de ética precisam estar preparados para atuar de forma independente e ter composição multiprofissional a fim de abarcar a revisão ética e científica dos protocolos de pesquisa submetidos à avaliação.

VULNERABILIDADE

O conceito de vulnerabilidade passou a compor o debate sobre ética em pesquisa nos anos 1990, em particular com a emergência dos estudos multicêntricos realizados entre países pobres e ricos. De um lado, estão pesquisadores financiados por indústrias farmacêuticas de países desenvolvidos e, de outro, populações fragilizadas pela experiência da desigualdade. Foi desse encontro entre realidades sociais tão díspares que o princípio de proteção à vulnerabilidade ascendeu ao debate ético internacional.

É possível entender o conceito de vulnerabilidade de duas maneiras. Primeiramente, como uma condição humana compartilhada, ou seja, como o fato de que todas as pessoas em situação de fragilidade por doença ou sofrimento seriam vulneráveis na condição de participantes de uma pesquisa científica. Assim, mesmo um homem branco rico poderia ser vulnerável se envolvido em um ensaio de Fase II. A segunda maneira de entender vulnerabilidade, no entanto, é a mais comum nos estudos sobre ética em pesquisa: como uma condição de pessoas, grupos ou populações particulares quando incluídos em experimentos. Mulheres grávidas, crianças, adolescentes, idosos e pessoas com deficiência são alguns exemplos.[3, 39, 40]

Vulnerabilidade é, portanto, um conceito com várias facetas.[41] Uma revisão ética que leve a sério a proteção de grupos e pessoas vulneráveis deve considerar aspectos de diferentes naturezas: individuais (idade, sexo, cor, condição de saúde, capacidade cognitiva); sociais (estrutura de proteção social e bens sociais, como saúde, educação e segurança); legais (normas e regulamentos que protegem os participantes de pesquisa); e culturais (construções sociais de gênero, raça ou idade, bem como representações sobre a ciência). É a partir do cruzamento desses aspectos que se consolida o conceito de vulnerabilidade.

No entanto, pesquisadores, instituições ou países também podem ser vulneráveis durante a execução de um projeto de pesquisa.[17] Um país que concorde com a realização de um protocolo para testar um novo medicamento em Fase I ou II para uma doença endêmica, letal e sem tratamento disponível, mas que representa um grave risco à saúde dos participantes, pode ter tomado essa decisão pressionado por uma situação de calamidade de saúde pública. A escolha governamental não é plenamente livre de constrangimentos, pois foi a iminência da morte que levou o país a ser um parceiro da pesquisa, cujos principais benefícios serão da indústria farmacêutica que financia o projeto.

Nesse sentido, um dos compromissos éticos da pesquisa multicêntrica internacional deve ser o de proteção dos participantes, com redução da sua vulnerabilidade. Para isso, a harmonia de um protocolo com as diretrizes internacionais é fundamental, devendo haver um comprometimento dos países patrocinadores e anfitriões em cumprir todos os requisitos éticos acordados internacionalmente. Da mesma forma, é preciso um exercício de revisão contínua dos documentos éticos à luz das novas expressões que a desigualdade social assume em cada país e globalmente.

DUPLO STANDARD EM PESQUISAS

O conceito de *duplo standard* remete a uma controvérsia surgida nos anos 1990 na pesquisa multicêntrica internacional. Em linguagem simples, significa adotar um duplo padrão de tratamento ou de condução do estudo a depender do país e dos participantes. Para os que defendem a ideia do *duplo standard*, o argumento é que não se deve considerar o tratamento consolidado na ciência internacional durante a execução de um projeto de pesquisa, mas sim aquele disponível no país de onde cada participante será recrutado. Ou seja, segundo os defensores do *duplo standard*, estudos com placebo ou testes de novos medicamentos para doenças já com tratamento consolidado são eticamente aceitáveis, desde que o tratamento não esteja disponível no país anfitrião.

Esse é um debate intenso internacionalmente, e há fortes defensores do *duplo standard*.[42, 43] A posição brasileira entende que essa prática potencializa vulnerabilidades e explora populações e pessoas em condição de fragilidade, além de ser uma expressão perversa da dominação entre países ricos e pobres. Não há espaço no sistema de revisão ética do Brasil para a adoção do *duplo standard* em pesquisas científicas multicêntricas ou nacionais. A interpretação brasileira do parágrafo 29 da Declaração Helsinque – "os benefícios, riscos, encargos e eficácia de um novo método devem ser testados comparativamente com os melhores métodos atuais, profiláticos e terapêuticos existentes" – é a de que "existentes" não significa "disponíveis no país anfitrião", mas sim *existentes na ciência internacional*.[3, 44]

Foi com uma pesquisa sobre a prevenção da transmissão vertical do HIV/Aids que o tema ascendeu ao debate internacional. A defesa do *duplo standard* seguia uma lógica argumentativa simples: mulheres pobres africanas transmitem verticalmente o HIV aos seus futuros filhos; o tratamento para a transmissão vertical é conhecido, porém não disponível em muitos países pobres africanos, o que leva as mulheres e seus futuros filhos à morte precoce; seria, portanto, justo e eticamente aceitável testar um novo protocolo de tratamento que se adapte às necessidades econômicas e de saúde desses países, pois não seriam oferecidos riscos adicionais à saúde das participantes.[45-51]

Com forte poder de sedução humanitária e intensas pressões econômicas, a lógica do *duplo standard* ignora a desigualdade de ponto de partida em uma pesquisa multicêntrica, exatamente a que faz com que muitos países pobres não disponham de tratamento para doenças já com terapêuticas estabelecidas. É a desigualdade social internacional que leva algumas mulheres e países a aceitarem e defenderem o *duplo standard* na pesquisa sobre a transmissão vertical do HIV. A experiência da opressão os torna vulneráveis à sedução "de algum tratamento" em vez "da certeza da morte". Essa, no entanto, deve ser uma opção ética inaceitável em âmbito internacional, pois ignora a igualdade da dignidade humana, um dos mais importantes princípios que fundamentam os acordos internacionais em ética em pesquisa.

A postura brasileira foi de oposição a qualquer mudança na Declaração de Helsinque que permitisse a emergência do *duplo standard*. Em 2000, a Anis: Instituto de Bioética, Direitos Humanos e Gênero, a Fundação Oswaldo Cruz e o Conselho Federal de Medicina coordenaram a reunião que referendou a Carta de Brasília, documento elaborado para fundamentar as recomendações brasileiras sustentadas na assembleia da Associação Médica Mundial, em Edimburgo, no mesmo ano.[52] A posição era de defesa de valores e princípios éticos universais para a condução de pesquisas científicas, o chamado *único standard*, não permitindo qualquer revisão das proteções e garantias aos participantes.

ÉTICA E PESQUISAS SOCIAIS EM SAÚDE

A história da ética em pesquisa confunde-se com a consolidação, nos países de medicina avançada, da pesquisa biomédica. À medida que esta progrediu, consolidaram-se as resoluções e os acordos internacionais de ética em pesquisa. O resultado é uma centralidade de questões e metodologias médicas nos sistemas de revisão ética, havendo uma menor sensibilidade para as abordagens e métodos da pesquisa social, em particular dos estudos com técnicas qualitativas. Há vários campos do conhecimento social que realizam pesquisas em saúde, tais como a psicologia, a sociologia, o serviço social ou a antropologia, mas cujas metodologias foram tangencialmente contempladas pelos sistemas de revisão ética.[53-57]

As particularidades das pesquisas qualitativas foram amplamente discutidas em países como os Estados Unidos, o Canadá ou a Austrália nas décadas de 1980 e

1990. No Brasil, o debate data dos anos 2000, quando o Sistema CEP/Conep se consolidou no país e a revisão ética de todos os projetos de pesquisa passou a ser uma exigência das agências de financiamento e dos principais periódicos científicos. A crítica central dos pesquisadores sociais ao modelo brasileiro incide sobre sua pouca sensibilidade e adequação às técnicas qualitativas, uma vez que a Resolução CNS 196/1996 não foi idealizada para as ciências sociais e humanas, mas especialmente para as pesquisas biomédicas.[58]

Há vários desafios na inclusão das pesquisas sociais no atual sistema de revisão ética brasileiro. O mais importante diz respeito ao diálogo interdisciplinar que necessita ser feito nos comitês para que as regras de avaliação previstas pela Resolução CNS 196/1996 se apliquem às pesquisas sociais. Isso pressupõe uma sensibilidade disciplinar nos membros dos comitês, cujos olhares metodológicos são ainda marcadamente biomédicos. Por outro lado, é essencial reconhecer que grande parte das pesquisas científicas impõe riscos aos participantes, mas que as extensões dos riscos e suas consequências são radicalmente diferentes a depender das técnicas adotadas. A maioria das pesquisas sociais implica um *risco mínimo* aos participantes, ou seja, um risco semelhante aos já existentes na vida cotidiana em sociedade.

Algumas universidades brasileiras, em harmonia com o debate internacional, deflagraram um processo de especialização da revisão ética para as técnicas qualitativas. A Universidade de Brasília foi pioneira, tendo criado um comitê de ética voltado para a pesquisa social no Instituto de Ciências Humanas em 2008. O objetivo desse exercício de pensar a Resolução CNS 196/1996 à luz das particularidades éticas e metodológicas da pesquisa social é enriquecer o debate brasileiro, mas principalmente fortalecer o Sistema CEP/Conep, tornando-o mais inclusivo à diversidade disciplinar.

Nesse processo de diálogo entre os campos, duas estratégias de revisão dos projetos de pesquisa social foram adotadas: 1) em pesquisas de risco mínimo aos participantes e com técnicas qualitativas de levantamento de dados, a possibilidade de utilizar o termo de consentimento livre e esclarecido oral, reconhecendo que o documento escrito pode inviabilizar a pesquisa ou mesmo representar uma ruptura no estabelecimento da confiança entre pesquisador e participante; e 2) em pesquisas de risco mínimo e para fins educacionais, a possibilidade de "revisão simplificada", isto é, de a revisão ética ser realizada pelo coordenador do comitê ou por um de seus membros, sendo, posteriormente, referendada pelo colegiado. Essas duas propostas, consideradas acolhedoras a várias técnicas de pesquisa social, já representam mudanças importantes no sistema.[59-61]

Referências bibliográficas

1. ROMERO, G.A.S. Ensaios clínicos: reflexões éticas. In: GUILHEM, D., ZICKER, F. (eds.). *Ética na pesquisa em saúde: avanços e desafios*. Brasília: Letras Livres/Editora UnB, 2007. p. 31-54.

2. QUEIROZ, W., GUILHEM, D. Ética e pesquisas clínicas. In: GUILHEM, D., DINIZ, D., ZICKER, F. (eds.). *Pelas lentes do cinema: bioética e ética em pesquisa*. Brasília: Letras Livres/Editora UnB, 2007. p. 111-29.

3. WORLD MEDICAL ASSOCIATION. DECLARATION OF HELSINKI [homepage na internet]. Tokyo: WMA, 2004. [Acesso em 15 jun. 2008.] Disponível em: http://www.wma.net/e/policy/pdf/17c.pdf.

4. ESCOSTEGUY, C. C. Tópicos metodológicos e estatísticos em ensaios clínicos controlados randomizados. Arq Bras Cardiol 1999, 72(2): 139-43.

5. SALZBERG, M., MULLER, E. Quality requirements in clinical studies: a necessary burden? Swiss Med Wkly 2003, 133(31-32): 429-32.

6. ARMITAGE, P. FISHER, Bradford Hill, and randomization. Int J Epidemiol 2003; 32: 925-8.

7. HULLEY, S. B., CUMMINGS, S. R., BROWNER, W. S., GRADY, D., HEARST, N., NEWMAN, T. B. *Delineando a pesquisa clínica: uma abordagem epidemiológica*. 2. ed. Porto Alegre: Artmed, 2003.

8. CALVA-MERCADO, J. J. Estúdios clínicos experimentales. Salud Pública. Méx. 2000, 42(4): 349-58.

9. MEDICAL RESEARCH COUNCIL. Streptomycin treatment of pulmonary tuberculosis. BMJ [periódico na internet] – 1998 [acesso em 10 jun. 2008], 317: 1248-61. Disponível em: http://bmj.bmjjournals.com/cgi/content/full/317/7167/1248/b. Reprinted from BMJ 1948; ii: 769-82.

10. LAHOZ, A., GOMBAU, L., DONATO, M.T., CASTELL, J.V., GOMEZ-LECHON, M.J. In vitro ADME medium/high-throughput screening in drug preclinical development. Mini Rev Med Chem 2006. 6(9): 1053-62.

O que é Ética em Pesquisa

11. GOMEZ, R. G. G. , TOMAZ, C. A. B. Aspectos éticos da experimentação com animais não-humanos. In: GUILHEM, D., ZICKER, F. (eds.). Ética na pesquisa em saúde: avanços e desafios. Brasília: LetrasLivres/Editora UnB, 2007. p. 195-216.

12. ÁLVAREZ DÍAZ, J., CARDOZO, C. Ética de la investigaión biomédica que usa y cuida de animales experimentales. In: LOLAS, F., QUEZADA, A., RODRÍGUEZ, E. Investigación en salud: dimensión ética. Santiago: Universidad de Chile, 2006. p. 239-48.

13. KATZ, R. FDA: evidentiary standards for drug development and approval. NeuroRx 2004, 1(3): 7-16.

14. STUMPF, W. E. Memo to the FDA and ICH: appeal for in vivo drug target identification and target pharmacokinetics. Recommendations for improved procedures and requirements. Drug Discov Today 2007, 12(15-16): 594-8.

15. ERMER, J. Validation in pharmaceutical analysis. Part I: an integrated approach. J Pharm Biomed Anal 2001, 24(5-6): 755-67.

16. MEINERT, C. L. Clinical trials dictionary: terminology and usage recommendations. Baltimore: The Johns Hopkins Center for Clinical Trials; 1996.

17. GUILHEM, D. Pesquisas biomédicas multinacionales: ¿es posible mantener un unico estándar desde el escenario de un país en desarrollo? Perspect Bioéticas 2003, 8(15): 44-66.

18. EMANUEL, E. J., WENDLER, D., GRADY, C. What makes clinical research ethical? JAMA 2000, 283: 2701-11.

19. EMANUEL, E. J., WENDLER, D., KILLEM, J., GRADY, C. What makes clinical research in developing countries ethical? The benchmarks of ethical research. JID 2004, 189: 930-7.

20. ZICKER, F. (coord.). GUILHEM, D., DINIZ, D. (orgs.). Bioética e pesquisa com seres humanos: programas acadêmicos e de extensão. Brasília: LetrasLivres, 2006.

21. BUTTERFIELD, P. G., YATES, S. M., ROGERS, B., HEALOW, J. M. Overcoming subject recruitment challenges: strategies for successful collaboration with novice research agencies. Appl Nurs Res 2003, 16(1): 46-52.

22. KASS, N.E., MAMAN, S., ATKINSON, J. Motivations, understanding, and voluntariness in international randomized trials. IRB 2005, 27(6): 1-8.

23. WERTHEIMER, A., MILLER, F.G. Payment for research participation: a coercive offer? J Med Ethics [periódico na internet] – 2008 [acesso em 12 jun. 2008], 34: 389-92. Disponível em: http://jme.bmj.com/cgi/reprint/34/5/389.

24. VAN NESS, P.H. The concept of risk in biomedical research involving human subjects. Bioethics 2001, 15(4): 364-70.

25. VAN LUJIN, H. E. M., MUSSCHENGA, A.W., KEWS, R.B., ROBINSON, W.M., AARONSON, N.K. Assessment of risk benefit ratio of phase II cancer clinical trials by institutional review board members. Ann Oncol [periódico na internet] – 2002 [acesso em 12 jun. 2008], 13(8): 1307-13. Disponível em: http://annonc.oxfordjournals.org/cgi/reprint/13/8/1307.

26. BRASIL. MINISTÉRIO DA SAÚDE. Conselho Nacional de Saúde. Conep – Resoluções [homepage na internet]. [Acesso em 29 abr. 2008.] Disponível em: http://conselho.saude.gov.br/Web_comissoes/conep/aquivos/resolucoes/resolucoes.htm.

27. BRENNAN, T. A., ROTHMAN, D. J., BLANK, L., BLUMENTHAL, D., CHIMONAS, S.C., COHEN, J.J. et al. Health industry practices that create conflicts of interest: a policy proposal for academic medical centers. JAMA 2006, 295: 429-33.

28. KOTTOW, M. Conflictos en ética de investigación con seres humanos. Cad Saúde Pública [periódico na internet] – 2005 [acesso em 29 abr. 2008], 21(13): 862-9. Disponível em: http://www.scielo.br/pdf/csp/v21n3/20.pdf.

29. EMANUEL, E., STEINER, D. Institutional conflict of interest. N Engl J Med 1995, 332(4): 262-7.

30. COLEMAN, C.H., BOUËSSEAU, M.C. How do we know that research ethics committees are really working? The neglected role of outcomes assessment in research ethics review. BMC Med Ethics [periódico na internet] – 2008 [acesso em 12 jun. 2008], 9(6): 1-7. Disponível em: http://www.biomedcentral.com/content/pdf/1472-6939-9-6.pdf.

31. RUYTER, K.W. Should members of ethics committee be trained and certified in ethics? Experiences and teaching programs. Acta Medica Lituanica [periódico na internet]. – 2006 [acesso em 15 jun. 2008], 13(1): 6-11. Disponível em: http://images.katalogas.lt/maleidykla/Act61/ActMed_006_011.pdf.

32. GOLDIM, J.R., CLOTET, J., FRANCISCONI, C.F. Um breve histórico do consentimento informado. Mundo Saúde 2002, 26(1): 71-84.

33. BUTTHA, Z. A. Beyond informed consent. WHO Bulletin [periódico na internet]. 2004 Oct. [acesso em 12 jun. 2008], 82(10): 771-8. Disponível em: http://www.who.int/bulletin/volumes/82/10/771.pdf.

34. DERENZO, E. G. Coercion in the recruitment and retention of human research subjects, pharmaceutical industry payments to physician-investigators, and the moral courage of the IRB. IRB 2000, 22(2): 1-5.

35. HAWKINS, J. F., EMANUEL, E. J. Clarifying confusions about coercion. Hastings Cent Rep 2005 Sept/Oct, 35(5): 16-9.

36. EDWARDS, S. J. L. Restricted treatments, inducements and research participation. Bioethics 2006, 20(2): 77-91.

37. ARMITAGE, J., SOUHANI, R., FRIEDMAN, L., HILBRICH, L., HOLLAND, J., MUHLBAIER, L. H. et al. The impact of privacy and confidentiality laws on the conduct of clinical trials. Clin Trials 2008, 5: 70-4.

38. BYRNE, M. The concept of informed consent in qualitative research. AORN J 2001 Sept, 74(3): 401-3.

39. GUILHEM, D., DINIZ, D., ZICKER, F. (eds.). *Pelas lentes do cinema: bioética e ética em pesquisa*. Brasília: LetrasLivres/Editora UnB, 2007.

40. BRASIL. MINISTÉRIO DA SAÚDE. Conselho Nacional de Saúde. Resolução 196/1996: diretrizes e normas regulamentadoras de pesquisas envolvendo seres humanos. Brasília: Ministério da Saúde, 1996.

41. GUILHEM, D. *Escravas do risco: bioética, mulheres e aids*. Brasília: Finatec/Editora UnB, 2005.

42. LEVINE, R. The use of placebos in randomized clinical trials. IRB 1985, 7(2): 1-4.

43. LEVINE, C. Placebos and HIV: lessons learned. Hastings Cent Rep 1998, 28(6): 43-8.

44. GRECO, D. As modificações propostas para o parágrafo 30 da Declaração de Helsinque 2000 diminuirão os requisitos relacionados aos cuidados de saúde para os voluntários dos ensaios clínicos [editorial]. Rev Bras Epidemiol 2003, 6(4): 284-90.

45. DINIZ, D., CORREA, M. Declaração de Helsinki: relativismo e vulnerabilidade. Cad Saúde Pública 2001, 17(3): 679-88.

46. MACKLIN, R. *Double standards in medical research in developing countries*. Cambridge: Cambridge University Press; 2004.

47. ANGELL, M. The ethics of clinical research in the third world [editorial]. N Engl J Med 1997, 337(12): 847-9.

48. WENDLER, D., EMANUEL, E. J., LIE. R. K. The standard of care debate: can research in developing countries be both ethical and responsive to those countries' health needs? Am J Public Health [periódico na internet] – 2004 [acesso em 15 jun. 2008], 94(6): 923-8. Disponível em: http://www.ajph.org/cgi/reprint/94/6/923.

O que é Ética em Pesquisa

49. LURIE, P., WOLFE, S. Unethical trials of interventions to reduce perinatal transmission of the human immunodeficiency virus in developing countries. N Engl J Med 1997, 337: 853-6.

50. ANNAS, Gm, GRODIN, M. Human rights and maternal-fetal HIV transmission prevention trials in Africa. Am J Public Health 1998, 88(4): 560-3.

51. LANDES, M. Can context justify an ethical double standard for clinical research in developing countries? BioMed Central [periódico na internet] – 2005 [acesso em 15 jun. 2008], 1(11): 1-5. Disponível em: http://www.pubmedcentral.nih.gov/picrender.fcgi?artid=1 183235&blobtype=pdf.

52. ANIS: INSTITUTO DE BIOÉTICA, DIREITOS HUMANOS E GÊNERO. Conselho Federal de Medicina. Fundação Oswaldo Cruz. Carta de Brasília. Brasília: CFM, 2000.

53. HOEYER, K., DAHLAGER, L., LYNOE, N. Conflicting notions of research ethics. The mutually challenging traditions of social scientists and medical researchers. Soc Sci Med 2005, 61: 1741-9.

54. CUTCLIFFE, J. R., RAMCHARAN, P. Leveling the playing field? Exploring the merits of the ethics-as-process approach for judging qualitative research proposals. Qual Life Res 2002, 12(7): 1000-10.

55. MACHADO, L. Z. Ética em pesquisa biomédica e antropológica: semelhanças, contradições, complementaridade. In: GUILHEM, D., ZICKER, F. (eds.). Ética na pesquisa em saúde: avanços e desafios. Brasília: LetrasLivres/Editora da UnB, 2007. p. 119-42.

56. TESCH, R. Qualitative research: types and software tools. New York: Falmer Press, 1990.

57. BEAUCHAMP, T., FADEN, R. R., WALLACE, R. J., WALTERS, L. (eds.). Ethical issues in social science research. Baltimore: The Johns Hopkins University Press, 1982.

58. GUERRIERO, I. C. Z., DALLARI, S.G. A necessidade de diretrizes éticas adequadas às pesquisas qualitativas em saúde. Ciênc. Saúde Coletiva 2008, 13(2): 301-11.

59. DINIZ, D. Ética na pesquisa em ciências humanas: novos desafios. Ciênc. Saúde Coletiva 2008, 13(2): 417-26.

60. GRAF, C., WAGNER, E., BOWMAN, A., FIACK, S., SCOTT-LICHTER, D., ROBINSON, A. Best practice guidelines on publication ethics: a publisher's perspective. Int J Clin Pract 2007, 61(Suppl. 152): S1-26.

61. BLISS-HOLTZ, J. The flip of the coin: exempt, expedited, or full IRB review? AACN Adv Crit Care 2007, 18(2): 213-7.

IV
CONCLUSÃO

A ética em pesquisa é um novo campo do conhecimento na interface de diferentes saberes. O objetivo é aproximar ciência e ética, garantindo que erros do passado não mais se repitam. Logo após a Segunda Guerra Mundial, a ética em pesquisa foi considerada uma questão exclusiva de estudos médicos, mas hoje é uma afirmação da cultura dos direitos humanos na prática da pesquisa científica em todas as áreas do conhecimento. No Brasil, o sistema de revisão ética já tem mais de dez anos de existência e é formado por uma rede sólida de comitês de ética em pesquisa em universidades, centros de pesquisa e hospitais.

É possível afirmar que a entrada da cultura dos direitos humanos no sistema de revisão ética das pesquisas foi um passo fundamental para o controle e a participação social na prática de pesquisa no país. A institucionalização do Sistema CEP/Conep vem sendo acompanhada da formação acadêmica e profissional de jovens pesquisadores já sensibilizados para a ética em pesquisa. Isso representará uma mudança significativa de valores e práticas científicas nos próximos anos. A reflexão ética deve ser estimulada já em fases iniciais de formação acadêmica e treinamento científico de estudantes de todas as áreas do conhecimento que promovem pesquisas com pessoas e animais não-humanos.

O crescimento do sistema de revisão ética tornou o tema da ética em pesquisa convidativo para diferentes áreas do conhecimento. A diversidade enriquece e amplia o debate, bem como estimula a formação de equipes multidisciplinares com perspectivas distintas e complementares, abarcando os múltiplos aspectos da pesquisa. Um dos principais desafios postos na mesa de discussões brasileiras é como acolher essa diversidade disciplinar em um mesmo sistema de regras de revisão dos projetos de pesquisa. Esse desafio, no entanto, não deve ser entendido como uma fragilidade do Sistema CEP/Conep, mas como um momento de fortalecimento de seus alicerces diante da solidificação do sistema no país.

Os resultados das pesquisas envolvendo seres humanos sinalizam para a melhoria da qualidade de vida das pessoas e são, portanto, de grande interesse para a humanidade. Agilidade e credibilidade no processo de revisão ética são fundamentais para garantir de forma efetiva o respeito pelos interesses e direitos dos participantes. Os questionamentos éticos que acompanham as diferentes etapas da pesquisa devem ser monitorados por um debate ético ampliado que permita a inclusão da diversidade e das particularidades de diferentes áreas do conhecimento. A forma como os resultados das pesquisas serão incorporados às práticas de saúde e às políticas públicas deve ser alvo de intensa reflexão para que tais resultados possam se tornar rapidamente acessíveis a todas as pessoas que necessitam. Essa concepção ampliada de ética em pesquisa deverá ser o marco norteador do desenvolvimento da prática científica no país.

Glossário

Boas Práticas Clínicas (do inglês GCP)

GCP é o padrão internacional aceito para delineamento, condução, desenvolvimento, monitoramento, auditoria, obtenção de dados, análise e divulgação de ensaios clínicos que proporciona credibilidade e precisão aos resultados das pesquisas. O uso desse padrão garante a integridade e a confidencialidade dos participantes da pesquisa, além de ser um mecanismo de proteção de direitos e interesses individuais.

Comissão Nacional de Ética em Pesquisa – CONEP

Colegiado de natureza consultiva, deliberativa, normativa, educativa e independente, vinculada ao Conselho Nacional de Saúde do Ministério da Saúde. É responsável por definir as diretrizes de avaliação ética no Brasil, avaliar pesquisas de áreas temáticas especiais e acolher recursos de comitês de ética em pesquisa, das instituições e dos pesquisadores.

Comitê de Ética em Pesquisa – CEP (sinônimos Comitê de Ética – CE; Comitê de Revisão Institucional – do inglês IRB)

Comitê multiprofissional e interdisciplinar, responsável por revisar os aspectos éticos de um projeto de pesquisa. A análise deve ser realizada antes do início da pesquisa como forma de assegurar que os direitos dos participantes sejam protegidos e garantidos. Após a aprovação inicial da pesquisa, o comitê deve realizar o acompanhamento ético da implementação e condução da pesquisa, o que poderá ser feito por meio de relatórios, visitas *in loco*, entrevistas com participantes ou por informações relacionadas ao estudo.

Comunidade

Uma comunidade pode ser compreendida como um grupo de pessoas que possui certa afinidade devido ao fato de compartilhar interesses comuns ou proximidade geográfica. Uma comunidade pode identificar-se como um grupo de pessoas que vivem na mesma aldeia, bairro, cidade ou país. Por outro lado, a comunidade pode ser entendida como um grupo de pessoas que compartilha valores, interesses, traços genéticos ou doenças em comum.

Confidencialidade

Compreende a manutenção do sigilo sobre a origem das informações fornecidas pelo participante de uma pesquisa para prevenir que sua identidade torne-se conhecida ou vinculada às suas respostas.

Conflito de interesse

Conflitos de interesses emergem quando interesses particulares de membros dos comitês de ética em pesquisa são superiores à atividade de revisão ética de um projeto. Isso pode comprometer a exigência de que as análises sejam livres e independentes, a fim de proteger os participantes da pesquisa.

Consentimento livre e esclarecido

Processo no qual se estabelece o relacionamento entre equipe de pesquisa e participantes. O principal instrumento de diálogo entre equipe e participantes é o termo de consentimento livre e esclarecido. O documento que descreve os objetivos e o propósito do estudo, seus métodos e procedimentos utilizados, assim como os benefícios previstos, os riscos e os incômodos potenciais. É no termo de consentimento livre e esclarecido que se garante a confidencialidade sobre os dados. Após o acesso a essas informações, a pessoa decide se quer ou não participar do estudo. Como o termo não é um contrato, deve ficar claro que o participante pode retirar seu consentimento a qualquer momento.

Eventos adversos

Efeitos indesejáveis causados pelo tratamento experimental (medicamentos, por exemplo) e que podem ocorrer inesperadamente ou se desenvolver ao longo do estudo. Os eventos adversos podem ser classificados em leves, moderados ou sérios. Os eventos adversos sérios resultam em morte, ameaça ou risco de vida, hospitalização ou prolongamento de uma hospitalização pré-existente e que estejam efetivamente associadas ao protocolo em que o participante está inserido.

PARTICIPANTES DA PESQUISA

Pessoas que participam de um projeto de pesquisa acadêmica ou clínica em qualquer área do conhecimento. São também conhecidas como sujeitos de pesquisa.

PATROCINADOR

Indivíduo, companhia, instituição ou organização que assume a responsabilidade pela administração ou pelo financiamento de um projeto de pesquisa.

PESQUISADOR

Cientista qualificado que assume a responsabilidade científica e ética, seja em seu próprio nome seja em nome de uma instituição com o objetivo de garantir a integridade ética e científica de um projeto de pesquisa. Também conhecido como investigador.

PESQUISAS BIOMÉDICAS

Investigações que envolvem seres humanos e que são realizadas com medicamentos, vacinas e testes diagnósticos; produtos e procedimentos médicos; incluindo-se ainda pesquisas epidemiológicas e sociais em saúde.

Pesquisas clínicas

São pesquisas realizadas com medicamentos, vacinas, testes diagnósticos, produtos e procedimentos médicos, nas fases I, II, III e IV ou com produtos ainda não registrados no Brasil. Também conhecidas como ensaios, estudos ou experimentos clínicos.

- **Fase I**: estudos iniciais utilizados para determinar o metabolismo, a farmacologia, a ação, os efeitos adversos e a efetividade das drogas em seres humanos, associados a diferentes dosagens do produto testado. Geralmente são incluídos participantes saudáveis em número reduzido e, em alguns casos, pacientes.

- **Fase II**: estudos controlados, utilizados para avaliar a efetividade estabelecer a segurança e os possíveis eventos adversos associados ao princípio ativo da droga que está sendo testada. Nessa fase, são incluídos participantes afetados por uma determinada enfermidade ou condição patológica.

- **Fase III**: estudos ampliados, controlados e não-controlados, realizados em um grande número de participantes após a obtenção de evidências preliminares sobre a efetividade do princípio ativo que está sendo testado. Tem o objetivo de conseguir evidências adicionais sobre riscos e benefícios e o valor terapêutico associados à droga.

Fase IV: pesquisas realizadas após a comercialização do produto para obter informação adicional relacionada a riscos e benefícios, valor terapêutico e o surgimento de eventos adversos não conhecidos.

PESQUISAS PRÉ-CLÍNICAS

São estudos realizados antes de se iniciarem as pesquisas com seres humanos. Incluem uma fase laboratorial e outra em mamíferos de diferentes espécies.

PESQUISAS MULTICÊNTRICAS INTERNACIONAIS

Estudos conduzidos em dois ou mais centros de diferentes localidades ou países que desenvolvem o mesmo projeto de pesquisa.

PLACEBO

Agente farmacologicamente inativo, que pode ser utilizado na forma de pílula, líquido, pomada ou injetável, que não possui nenhum valor para o tratamento da pessoa. Em pesquisas clínicas é frequentemente utilizado para verificar a efetividade do tratamento experimental.

PRIVACIDADE

Refere-se ao direito individual de decidir e controlar o acesso à sua pessoa, às informações relativas à sua situação pessoal e ao modo como estas informações serão comunicadas a outras pessoas.

PROTOCOLO DE PESQUISA

Documento que descreve detalhadamente todas as fases de um projeto de pesquisa e inclui os documentos utilizados para realizar a revisão ética do estudo.

PROTOCOLO DE PESQUISA, EMENDA

Emenda do protocolo é a descrição detalhada de uma modificação ou de esclarecimento formal efetuado pelo patrocinador ou coordenador em um projeto de pesquisa.

RANDOMIZAÇÃO

É um método de seleção dos participantes nos diferentes grupos da pesquisa, o que define o tratamento que irão receber. A randomização acontece de forma aleatória ou ao acaso, permitindo minimizar as diferenças entre os grupos e distribuir igualmente as pessoas com características particulares entre todos os braços do estudo. Os pesquisadores também não sabem qual é o tratamento que os participantes estão recebendo.

RECRUTAMENTO DOS PARTICIPANTES

Período do ensaio clínico destinado ao recrutamento e inclusão dos participantes no estudo. Esse processo inclui a identificação, o convite e a seleção dos potenciais participantes, que devem atender aos critérios definidos para inclusão/exclusão no estudo.

Risco mínimo

Quando a probabilidade e a magnitude do dano ou mal-estar decorrente da participação em uma pesquisa não são maiores do que aqueles vivenciados pela pessoa durante a realização de um exame físico ou psicológico de rotina.

Risco maior que o mínimo

Qualquer outro tipo de dano que não esteja previsto na definição anterior e que pode estar relacionado a danos fisiológicos, físicos, legais, sociais e econômicos. Incluem os riscos de estigmatização social e comercial, como pode ocorrer no caso de investigações epidemiológicas, genéticas ou sociais.

Referências utilizadas para elaboração do Glossário

BRASIL. MINISTÉRIO DA SAÚDE. Conselho Nacional de Saúde. Manual operacional para comitês de ética em pesquisa. Brasília: CNS, 2007.

BYRNE M. The concept of informed consent in qualitative research. AORN Journal; sep 2001;74 (3):401-3.

VAN NESS PH. The concept of risk in biomedical research involving human subjects. Bioethics 2001, 15(4): 364-370.

US NATIONAL INSTITUTES OF HEALTH. Clinical trials. Glossary. [homepage na internet]. [Acesso em 26 mai. 2008.] Disponível em: http://www.clinicaltrials.gov/ct2/info/glossary.

WORLD HEALTH ORGANIZATION. Operational guidelines for ethics committees that review biomedical research. Geneva: TDR/WHO, 2000.

WORLD HEALTH ORGANIZATION. Surveying and evaluating ethical review practices. Geneva: TDR/WHO, 2002.

SOBRE AS AUTORAS

Dirce Guilhem é enfermeira, professora titular da Universidade de Brasília (UnB). Com formação em bioética, o tema ética em pesquisa faz parte de sua vida acadêmica desde 1997 quando integrou o Comitê de Ética em Pesquisa da Faculdade de Ciências da Saúde da UnB, atividade que se estendeu até 2007. Em 2003, fez estágio de pós-doutorado na Facultad Latinoamericana de Ciencias Sociales – FLACSO, Buenos Aires, onde desenvolveu atividades em bioética e ética em pesquisa. A partir de então, tem se dedicado ao ensino e à produção de material educativo sobre o tema, a maioria dos quais com financiamento do Programa Especial de Pesquisa e Capacitação em Doencas Tropicais, da Organização Mundial da Saúde (TDR/OMS). Foi membro da Comissão Nacional de Ética em Pesquisa (Conep) entre 2001-2003, atividade que voltou a exercer em 2008.

Debora Diniz é doutora em Antropologia pela Universidade de Brasília (UnB), professora-adjunta da UnB, pesquisadora da Anis: Instituto de Bioética Direitos Humanos e Gênero e compõe a diretoria da International Association of Bioethics. Tem 61 artigos publicados em periódicos científicos, 47 capítulos de livros, 6 livros, 8 livros organizados, 94 artigos de jornal, 5 filmes e 35 prêmios. Desenvolve projetos de pesquisa em bioética, ética em pesquisa, direitos reprodutivos, liberdade de cátedra e deficiência. É co-editora chefe do periódico *Developing World Bioethics* e do conselho editorial de 9 periódicos nacionais e internacionais. Produziu 5 documentários etnográficos, sendo um deles "Uma história severina", em parceria com Eliane Brum, recebeu 17 prêmios. Seu mais recente filme, "Solitário anônimo", discute o direito de morrer, e recebeu seis prêmios de melhor documentário. Pela editora Brasiliense já publicou *"O que é bioética"*, *"O que é deficiência"* e *"Bioética: ensaios"*.